The Verbal Behavior Approach:
How to Teach Children with Autism and Related Disorders

语言行为方法
如何教育孤独症和相关障碍儿童

[美] 玛丽·林奇·巴伯拉（Mary Lynch Barbera）
特蕾西·拉斯穆森（Tracy Rasmussen） / 著

美国展望教育中心 / 译

华夏出版社
HUAXIA PUBLISHING HOUSE

谨以此书献给我的两个儿子卢卡斯和斯潘塞!

卢卡斯教会我如何毫无条件地爱,如何怀抱希望而不奢求,如何珍惜一路上的点滴进步。

斯潘塞是卢卡斯最好的弟弟,是全世界最敏感、最体贴、最有趣和可爱的八岁男孩!

目　录

中文版序 1
致　谢 1
序　言 1
前　言 1

第一章　从 ABA 谈起 1
　　　　语言行为方法 2
　　　　提高语言能力，减少问题行为 4
　　　　VB 模式与洛瓦斯模式的主要区别 5
　　　　不用 VB 会陷入哪些误区 7
　　　　向 VB 模式转变 8

第二章　ABA 入门 11
　　　　行为学入门知识 13
　　　　收集数据 15
　　　　判断行为的功能 16
　　　　根据行为功能制订行为干预计划 18
　　　　矫正以寻求关注或获取实物为功能的行为 19
　　　　矫正与逃避有关的行为 22
　　　　矫正寻求感觉刺激的行为 24
　　　　现在开始处理问题行为 25

第三章　评估 27
　　　　评估提要求技能 28
　　　　评估命名技能 29
　　　　评估仿说技能 30
　　　　评估交互式语言技能 31
　　　　评估表达性语言方面的强项与弱项 32
　　　　评估非语言操作 33
　　　　评估接受性语言技能 33
　　　　评估模仿技能 34
　　　　评估视觉表现技能 35

第四章　开发强化物 ... 37
我们对正强化都会有反应 ... 37
辨识有力的强化物 ... 37
选择强化物 ... 38
以视频和DVD作为强化物 ... 39
从对自我刺激或问题行为的审视中开发强化物 ... 40
完成强化物评估 ... 40
开发适龄的强化物 ... 42
将学习环境和强化作用相匹配 ... 42
如何与强化匹配 ... 43
简单任务 ... 45
可变比率强化程序表 ... 45

第五章　提要求 ... 49

第六章　改善无口语或口语受限儿童的语言能力 ... 59
手语与其他扩大和替代沟通系统的比较 ... 60
语音输出系统 ... 61
图片交换沟通系统 ... 61
熟悉如何教手语 ... 63
教最初的5个手语 ... 63
让孩子说话的其他方法 ... 66
改善发音的步骤 ... 67

第七章　无错误教学和转换程序 ... 71
辅助 ... 71
辅助等级 ... 72
无错误教学和语言操作项目间的转换回合 ... 74
错误纠正 ... 78

第八章　接受性语言和非语言操作教学 ... 81
接受性和听者技能的教学 ... 81
提高在自然环境中的接受性语言技能 ... 82
密集训练听者技能 ... 83
模仿技能 ... 88
视觉执行/配对技能 ... 90

第九章　其他语言操作项目的教学 ... 93
命名技能的教学 ... 94
仿说技能的教学 ... 98
交互式语言技能的教学 ... 99

第十章	综合设计教学计划	105
	在自然环境中实施ABA/VB	105
	开始治疗课程	107
	密集教学课程	109
	开始密集教学课程	109
	难易项目的混合	113
	混合和变化语言操作项目	113
	快速指令	113
第十一章	如厕和其他生活自理能力的教学	117
	如厕技能	117
	白天的排尿训练	119
	其他可尝试的方法	122
	大便训练	123
	夜间训练	123
	主动如厕的教学	124
	训练结束后如何处理意外事件	125
	需要花多长时间完成如厕训练	126
	其他生活自理技能的教学	126
第十二章	结语	129
	立即接受诊断结果	129
	"失败"的定义	130
	避免陷入高功能/低功能的误区	131
	尽可能多地接受治疗，越早开始越好	133
	准备成为孩子的辩护人	134
	一次只尝试一种新疗法	136
	尽可能学会行为干预中的所有方法	137
	照顾好自己，一步步慢慢来	138
	制作柠檬汁	139
附录1	术语解释	141
附录2	语言行为评估表	145
附录3	手语样例	150
附录4	技能追踪记录表	154
附录5	周试探记录表	156
附录6	推荐书目	159

中文版序

美国展望教育中心的宗旨是为社会大众提供以爱心为本、以实证科学为准则的先进的干预服务，致力于研究提升干预水平的科学方法，并积极推动专业人才的培训和家长教育。近年来，我们寻找优质、科学的特殊教育类书籍，并翻译为中文，期盼与众多华人家庭、专业人士和学者们同享科学进步的果实。

教孤独症孩子说话绝非易事，但在语言行为方法的助力下，这项任务的困难程度大为降低，孩子、家长、老师可以成为三方赢家。自2008年起，美国展望教育中心用语言行为（Verbal Behavior, VB）教学取代原有的回合尝试教学（Discrete Trial Teaching, DTT）[1]。从我们所收集的个案数据和家长的反应来看，学生取得了显著的进步。语言行为方法以生动活泼的教学、无错误正向方式及灵活的语言干预项目建立课程，可以让我们获得令人欣慰的丰硕成果。多年来，我们在孤独症干预教学过程中倾听家长们的心声，他们说，市场上，有关语言教学的书籍很多，但是很难找到既浅显易懂又有实用价值的参考书籍。我们选择的这本《语言行为方法》，它的作者既是一位母亲，也是一位专家，她知道每一种角色面临的挑战，也知道如何化不可能为可能，所以，我们推荐并出版了这本书的中文版。

在翻译的过程中，我们有一个顾虑，书中所举的例子，包括人、事、物、地、歌曲、游戏、玩具，等等，都是美国的，中文读者会不会有隔阂感或无法领会呢？我们试图在必要的地方将其修改为华人熟悉的表达方式；但有些地方为了准确传达作者原意，仍保留美式用语，另加解释。相信致力于帮助孤独症儿童的正在阅读本书的家长和老师们，能够从这本入门书籍中举一反三，通过语言行为方法得窥行为科学的奥妙。

---

[1] 编注：回合尝试教学在中国大陆也译为"回合试验教学""分解式尝试教学"或"离散单元教学"，在中国台湾则多使用"单一尝试教学"的译法。

参与本书翻译工作的有彭雅真（BCBA）、林珊（MA）、柯淑惠（BCBA）、陈辉鸿（BCBA）等。

感谢中文版《语言行为方法》背后的推手：展望教育中心美国和中国台湾团队的老师们和最重要的、不断督促我们翻译出版书籍与教材来帮助孩子学习的家长们。

美国展望教育中心
于美国加州洛杉矶
2012年母亲节

致　谢

首先要感谢我的先生查尔斯（Charles）和儿子斯潘塞（Spencer）在我们这一路懵懵懂懂的孤独症旅程中给了我爱和支持。谢谢他们让我在热诚帮助卢卡斯（Lucas）的同时，也帮助了许许多多的孤独症孩子。还要感谢很多人，他们和我一样，对卢卡斯付出了那么多爱和关怀。

我要感谢特蕾西·拉斯穆森（Tracy Rasmussen）协助我撰写这本书。五年前，为了写一篇关于孤独症的报道，特蕾西通过本地的报纸找到我，并到我家采访，于是我们就这样认识了。是她最先建议我写一本书，而且答应帮忙。如果没有她的循循善诱，帮助我把想法清楚地写出来，那么这本书绝不会进入写作流程。所以，谢谢特蕾西的支持和鼓励，让本书得以出版。

还要感谢数以百计的专业人士，他们教会了我目前我所知的一切有关孤独症、应用行为分析和语言行为的知识。特别感谢那些协助成立并持续支持宾夕法尼亚州语言行为计划的专业人士。

特别感谢杰西卡·金斯利出版社（Jessica Kingsley Publishers）及其工作人员，尤其是海伦·伊博森（Helen Ibbotson），正是她同意出版这本书，又尽力让本书迅速问世。我还要感谢马克·松德博格博士（Dr. Mark Sundberg）、文森特·卡蓬博士（Dr. Vincent Carbone）、里克·库比纳博士（Dr. Rick Kubina）、詹姆斯·科普兰博士（Dr. James Coplan）、阿米里斯·迪普哥莉亚博士（Dr. Amiris Dipuglia）、玛丽亚·林奇（Marie Lynch）、凯西·亨利（Kathy Henry）、特塞拉·奎特库斯基（Teresa Kwitkowski）、吉尔·马洪（Jill Mahon）、温迪·尤卡维奇（Wendy Yourkavitch）、卡萝尔·戴诺森蒂（Carole DeInnocentii）、莉萨·戴蒙娜（Lisa DiMona）。感谢阅读本书手写初稿的霍利·基布（Holly Kibbe），她提供了宝贵的意见，让初稿变得更好。

最后，我要感谢儿子卢卡斯让我借由他来学习，学习怎样用最好的方式教他，怎样用最好的方式教别的孩子。你是个令人感到惊奇、勇敢而美好的孩子，你影响了许多人的生命。在你短短十年的人生里，你真真实实地带给了这世界一点改变，我从内心深处爱你。

序　言

　　玛丽·巴伯拉写的这本书不仅内容清晰而且非常实用，可以成为每天面对挑战的家长和专业人士教授孤独症或其他发展性障碍儿童语言的参考。这本书有坚实的概念与实践基础，建立在斯金纳（B. F. Skinner）最先提出的关于学习和行为的理论之上。由伊瓦尔·洛瓦斯（Ivar Lovaas）最早发展出的回合尝试教学和应用行为分析（Applied Behavior Analysis, ABA）治疗策略已经广为人知，其策略的核心也是建立在这些原理之上的。行为疗法是如此成功，以至于1999年美国公共卫生署（Surgeon General of the United States）得出结论：应用行为分析是孤独症儿童的治疗选择（Rosenwasser & Axelrod, 2001）。

　　斯金纳广泛研究语言这个主题，于1957年出版了《语言行为》（*Verbal Behavior*）一书。他多次表示，坚信那本书将是他最重要的成就（Skinner, 1978）。在《语言行为》一书中，斯金纳提供了详细的行为分析，告诉我们语言是由什么组成的。该书很重要，因为语言是人类行为最重要的一个部分。语言使我们能和他人沟通，表达我们的感受，使他人知道我们的需求，和他人建立有意义的关系，反馈他人说的话，从而更加了解这个世界。语言也构成了教育、知识、智力、思考和社会行为的基础。简单来说，语言是人类行为的基石，所以，如果一个孩子不能以通常的模式获得语言技能，那他将会面临严重的发育和社交障碍。

　　语言迟缓和障碍是孤独症的主要特征，直接影响智力和社交行为等其他重要技能。因此，对孤独症儿童来说，任何一项干预计划最重要的一环，就是及早开始发展有效的沟通技能。然而，对家长来说，各式各样的治疗方法和专家提出的关于语言干预的各种意见通常使他们不知所措。家长很难判断哪一种干预方式有效，宝贵的时间往往因此被浪费掉了。总体而言，行为分析，尤其是语言行为分析，可以避免或减少这种情况的发生。行为分析拥有几十年的实证研究基础，为专业人士和家长提供了一套扎实的语言评估和干预方法。像越来越多的家长和专业人士一样，本书的作者也发现行为分析和语言行为分析极具价值和成效，可用作孤独症儿童日常干预的指引。

将斯金纳的语言行为分析理论加以应用，即语言行为方法的基本要素，最早由西密歇根大学（Western Michigan University）的杰克·迈克尔博士（Dr. Jack Michael）于20世纪70年代发展出来。然而，语言是复杂的，早期版本的语言行为评估和干预计划并非为家长设计，而是给受过正式语言行为分析训练的专业人士用的。在过去的25年里，虽然我们试图将教材变得更简单易懂，但是对我们这些习惯于使用行为科学专业术语、长期运用语言分析专业工具来讨论人类复杂行为的人来说，这种尝试有时候很困难。

尽管本书作者所描述的基本原理和程序不是最新的，但她用清楚的解释、真切的生活实例和通俗的讲解说明，将专业而复杂的孤独症儿童语言干预方法传授给读者。阅读这本书后，家长和专业人士就可以立即安心地应用语言行为方法，因为这背后有行为分析科学实证的支持。作者玛丽有着孤独症儿童母亲的独特视角，能向读者提供第一手观点。读者可以从书中看到养育一个孤独症孩子的艰辛，看到她是如何走过各种所谓"神奇疗法"的迷宫，找到正确的出路。玛丽同时也是一位注册护士，她的先生是一位医生，他们学习行为分析起初只是为了帮助儿子卢卡斯，但后来他们发现行为分析如此有用，因此，玛丽开始致力于帮助其他家庭学习这些方法。她已经成为认证行为分析师（Behavior Analyst Certification Board, BCBA），发表过以语言行为方法所做的实证研究，现在又写了这本书，清晰地讲解了语言行为干预计划的基本要点。

在本书中，玛丽循序渐进地描述了教学程序和详细的实战案例，这对现有的应用行为分析教材和对治疗语言迟缓及障碍儿童的干预都是一大贡献。她的书通俗易懂，引人入胜，表达出了非常丰富的内涵。毫无疑问，这本书一定会对许许多多孤独症儿童产生巨大的影响。

马克·L. 松德博格博士

（Mark L. Sundberg, Ph.D., BCBA）

松德博格联营公司，美国加州

参考文献

Rosenwasser, B. and Axelrod, S. (2001) "The Contributions of Applied Behavior Analysis to the Education of People with Autism." *Behavior Modification*, 25, 671–677.

Skinner, B. F. (1957) *Verbal Behavior*. New York: Appleton-Century-Crofts.

Skinner, B. F. (1978) *Reflections on Behaviorism and Society*. Englewood Cliffs, NJ: Prentice-Hall.

前　言

我是一个拥有十多年工作经验的注册护士，丈夫是职业医师。当丈夫提到我们21个月大的儿子可能有孤独症时，我跟所有父母一样，感到既困惑又愤怒。

诚实地说，我当时对孤独症的了解非常有限，而且从未想过我的第一个孩子竟然会是不完美的。

那到底为什么我的先生会认为我们的儿子有孤独症呢？

他指出，卢卡斯太喜欢看电视而不喜欢玩玩具，有时卢卡斯看起来根本就是活在自己的世界里。当时，我不愿意思考这个可能，我认为卢卡斯有语言，可以说出10个单字，对一个不满2岁的孩子来说并没有不正常，而且他是一个温暖可亲的小宝贝。卢卡斯不符合我对孤独症的印象，他不会打自己的头，不会摇晃身体，也没有表现出任何我认为是孤独症的行为。

那天我告诉丈夫，他一定是疯了才会讲到孤独症，卢卡斯没有这个问题，而且我永远都不想再听到"孤独症"这个词。可我没有料到，一年后，孤独症和各式各样的治疗会逐渐占据我的生活。

不久，我不情愿但又不得不承认，其实我并不清楚孤独症在婴幼儿时期的表现究竟是怎样的。我告诉自己，丈夫可能比我更有能力对像卢卡斯这么大的孩子应该有的行为做出判断。

于是，我丈夫的那些看法促使我开始仔细观察卢卡斯，看他和这个世界有哪些互动，缺乏哪些互动。每当卢卡斯表现出奇怪的举止时，我就想到孤独症。比如，他把玩具有规律地从一个篮子移到另一个篮子，我就会不禁想，"难道……"；若他玩一条从椅子上垂下来的绳子好几秒钟，我就会担心，"他可能……"。

"孤独症、孤独症、孤独症"，这个词不断地在我的脑海中盘旋，我只能靠希望有一个普通而不是孤独症的孩子这个想法,把这个词赶出去。但是,卢卡斯的确有孤独症,而我只是在将头埋进沙子里,逃避和否认事实并不能帮助卢卡斯进步。

事实上,我的态度让他变得更糟。卢卡斯的语言能力和同伴越差越远,直到我无法否认他追赶不上了,那时他2岁半。托儿所的其他孩子会跑去问父母他们可不可以去朋友家,会说完整而生动的句子。在卢卡斯的同龄小朋友会用句子说话、能和其他孩子建立关系的时候,我的目标却是教会卢卡斯说"球"。因此,我没有办法继续否认,只能选择走回现实。

从那时起,除了妈妈的身份外,我也逐渐成为儿子的教练和与外界联系的代言人。

早期诊断和治疗的重要性

我开始面对现实是在1999年,那时,得到诊断并开始接受治疗需要花上好几个月的时间。回想起来,当时的孤独症诊断系统效率低下,会浪费很多宝贵的时间。如今,某些孩子在18个月到2岁之间就可得到诊断的例子已不新鲜,但是在20世纪90年代中晚期,很少有专家愿意或有能力对3岁以下的孩子下诊断。近几年的研究都已证实,早期诊断和早期密集干预会有最好的长期效果。

即使研究证明早期诊断和干预是关键,大多数孩子也还是在2岁后才得到诊断,大部分原因是儿科医生和父母并没有注意到孤独症表现的早期警示信号(请参考www.firstsigns.org 网站①)。雪上加霜的是,有资质且愿意为孤独症幼儿做诊断的专家通常需要预约,等待的时间为一年左右。

如果卢卡斯能够更早地接受诊断和治疗,他7年前的进步速度可能会更快,而我也可以早一点学到最好的疗法并更快地付诸实行。但是许多研究和教材是最近几年才出现的,其中就包括凯瑟琳·洛德博士(Catherine Lord)和丽贝卡·兰达博士(Rebecca Landa)对早期诊断质量的重要研究成果。此外,南茜·怀斯曼(Nancy Wiseman)也在2006年出版了《这是孤独症吗?诊断和干预指南》(Could It Be Autism? A Parent's Guide to First Signs and Next Steps)一书,这些都为家长提供了重要的信息。

卢卡斯是在3岁3个月而不是21个月大时得到确诊并接受干预的,从此,我开始

---

① 原注:该网站提供正常发育儿童各年龄段里程碑式的标志和孤独症表现的早期警示信号,可用于孤独症的早期诊断。

了一心一意为孩子追寻最好治疗的历程,这也是我学习并最终成为一名语言行为咨询师的起点。

由家长到"专家"身份的转变

20世纪90年代末,我得到了许多不同的治疗信息,但是我不知道该从哪里开始。我变成了那种狂热型的家长,只要有空,每一个研讨会我都会去听,且每回都坐在第一排。我开始读每一本相关的书,而且非常依赖前辈家长的经验来帮助儿子。

我也想以自己的所学帮助其他人。2000年,我成为柏克斯郡孤独症协会(Autism Society of Berks County)的第一任会长。于是,不断地有家长找我寻求帮助和支持。我不想眼睁睁地看着其他家长独自面对自己的孩子有孤独症这个残酷的事实,也不想看着他们独自摸索各种疗法而我却爱莫能助。对我来说,帮助卢卡斯和其他人的最好方法就是继续进修。2003年,我成为认证行为分析师,开始在孤独症这个领域工作,主要应用语言行为方法。从2003年开始担任宾夕法尼亚州语言行为项目的首席分析师以来,我已经培训了数百人,并且很荣幸地接触和干预了许多孤独症谱系障碍儿童以及一些唐氏综合征和其他发展性障碍学生。

很多家长都会问我一个简单的问题:我该从哪里开始?他们告诉我孩子越来越落后,会突然发脾气,没有语言,着迷于各种怪异的事情……就像7年前的我,根本不知道该从哪里下手。

因此,我决定给出一个简单的方法帮他们入门。这本书为许多非常复杂的治疗提供了一个简化的版本,而我相信这正是家长和专业人士都需要的。现在,我将平日里给予其他家长和专业人士的那些建议传授给你。假如我的姊妹或最好的朋友也有新近被确诊为孤独症或其他语言发展性障碍的孩子,那么,我给予他们的帮助和建议,他们同样会在本书中找到。我会向你详细地讲述这些内容,提供我身为一名家长兼专业人士的建议。

本书将以浅显的语言讲解如何运用应用行为分析和语言行为方法的原理来帮助有各式各样问题的儿童,包括有孤独症、唐氏综合征、发展性障碍或单纯的语言迟缓的儿童。最近的一项初步研究显示,语言行为方法甚至可能可以预防高危婴幼儿成为孤独症儿童（Drash & Tudor, 2006）。

当家长们问我该从哪里开始时，运用语言行为治疗就是我的答案。本书会用简单清楚的介绍来详细回答这个问题。

本书中的内容都是我从国际知名专家那里学到的，包括杰克·迈克尔博士、马克·松德博格博士、文森特·卡蓬博士、霍利·基布女士、布赖恩·艾瓦塔博士（Dr. Brian Iwata）、格伦·莱瑟姆博士（Dr. Glen Latham）、伊瓦尔·洛瓦斯博士、理查德·福克斯博士（Dr. Richard Foxx）、布里奇特·泰勒博士（Dr. Bridget Taylor）、迈克尔·米克洛斯（Michael Miklos）和里克·库比纳博士。我也从同行和孤独症孩子的家长身上学到很多，我们每天在个案中颠簸前行，努力找出帮助每个孩子的方法。当然，我从孤独症儿子卢卡斯身上可能学到的最多，他直至今天仍每时每刻地在教我。

第一章 从 ABA 谈起

我的孩子卢卡斯所使用的疗法源于伊瓦尔·洛瓦斯博士的研究成果——应用行为分析方法（Applied Behavior Analysis, ABA）。1999年，凯瑟琳·莫里斯（Catherine Maurice）的两部著作《让我听见你的声音》[1]和《孤独症儿童行为干预》（*Behavioral Intervention for Young Children with Autism*, Maurice, Green and Luce, 1996）给包括我在内的众多家长留下了深刻印象，以至于当时几乎所有在做 ABA 的人都使用洛瓦斯的方法。

1987年，洛瓦斯博士对59名孤独症儿童进行研究，试图寻找他们学习的最佳方法。他发现，由19名儿童组成的、每周接受40小时一对一的 ABA 治疗的那一组所取得的效果最佳。该组中将近一半（47%）的儿童从一年级开始已与同龄人无异。这项研究勇开先河，为刚被确诊为孤独症的儿童的家长带来了希望，指明了方向。

1993年，洛瓦斯和他的两名同事进行的后续研究显示，那些在最初的研究中"表现突出"的儿童在13岁之前依然能保持良好状态。他们在没有他人帮助或其他特殊教育服务的普通教室里接受正规教育，他人也看不出他们与同龄人的差别（McEachin, Smith and Lovaas, 1993）。读完洛瓦斯的研究论文后，我觉得 ABA 能够提供帮助而且成功机会最大。对我而言，找寻最好的治疗方案非常重要，就好像如果我的孩子得了严重的疾病，如白血病，我会尽我所能地找寻治愈机会最大的治疗方法。虽然孤独症的治愈概率很低，但我要的仍是让卢卡斯最有希望过上普通生活的疗法。

ABA 的研究其实远比洛瓦斯涉及的要深入很多。伴随着 ABA 在新一代儿童身上的实践，这项技术的应用也在发展，有数百项正式发表的研究证明它是教育孤独症儿童的有效方法。事实上，在经过研究而证实有效的疗法中，没有哪一种疗法的成功率

---

[1] 编注：原书名为 *Let Me Hear Your Voice: A Family's Triumph over Autism*，中文版2018年由华夏出版社出版。

赶得上 ABA。1998 年的一项研究成果显示，洛瓦斯模式的 ABA 疗法尽管短期花费高昂，但符合长期成本效益原则。该研究显示，如果在儿童成长期集中使用这种教学法，只有少数儿童在小学一年级至成年之间还需要康复服务（Jacobson, Mulick and Green, 1998）。

不幸的是，孤独症儿童往往无法得到最好的治疗。为孩子做出诊断的是医学专业人士，但为他们提供治疗方法的却通常是教育专业人士，而在什么才是合适和划算的治疗方法这个问题上，教育界人士会有自己的想法，即使该疗法并不是最成功的。这种事情就发生在卢卡斯身上。在美国，孤独症儿童有权接受免费、适当的公立教育（Free Appropriate Public Education, FAPE[①]）。有人曾对我解释说，卢卡斯没有权利得到凯迪拉克式的昂贵教育，他的权利只限于雪佛兰式的教育服务而已[②]。

一名 3 岁儿童，每周接受 40 小时一对一 ABA 治疗的费用非常高昂，因此，很多教育机构宁愿把钱花在其他被认为同样属于"适当"的干预项目上，例如，语言治疗、职业治疗、杂烩式的特殊学前教育等。

我儿子的整个未来岌岌可危，我却被告知要把"最好的"这个词从我的词典中删掉，至少在教育界人士面前，我得删掉这个词。

我想让卢卡斯从 ABA 疗法中获得迈向成功的机会，因此，我安排了三名治疗师帮助卢卡斯，另外从一家使用洛瓦斯疗法的机构请来一位咨询师，每月来家里一趟，指导我和那三名治疗师。

这个决定使卢卡斯和我都有了进步，我的进步之一就是发现了另一种形式的 ABA 疗法对孩子的帮助更大。本书所述的就是这种形式的 ABA——语言行为方法。

语言行为方法

语言行为方法（Verbal Behavior, VB）基于各种 ABA 研究的成果，能够提高孩子学习功能性语言的能力。

[①] 编注：FAPE 是美国残疾人教育法案中的六项原则之一，意指所有残障类别的儿童享有与非残障儿童同等的受教育权，保证其获得适合个人需求的教育。学校必须为特殊儿童提供特殊的指导和相关的服务，以帮助他们更好地接受教育、就业和独立生活。

[②] 译注：凯迪拉克比雪佛兰昂贵、高档，此处指 FAPE 的支出低于 ABA 的支出。

VB 是对 ABA 疗法的一种扩充，它教授孤独症及其他发展性障碍儿童各种技能，包括其中最重要的语言技能。VB 把语言看作一种可以塑造和强化的行为，它不仅关注孩子在说什么，更关注他为什么要使用语言。

VB 是十几年前从 ABA 的基础教学中衍生出来的一种新颖且流行的方法。虽然 VB 是 ABA 领域中的后来者，但它不仅植根于 ABA，而且扩展使用了斯金纳博士所著的《语言行为》（Skinner, 1957）中提出的概念。

《语言行为》是一部很艰深的学术著作，这可能也是它几十年来被忽略的部分原因所在。在西密歇根大学的杰克·迈克尔博士和他的学生马克·松德博格使用《语言行为》中的一些概念来教育发育迟缓儿童之前，几乎没有人注意到语言行为的干预方法。

20 世纪 70 年代后期，VB 评估方法的早期方案最早在西密歇根大学出现，并通过了测试。堪萨斯大学（Kansas University）的乔·斯伯拉德林博士（Dr. Joe Spradlin）对此也作了很多贡献。马克·松德博格的博士论文《运用手语和斯金纳语言行为分析所发展出的语言行为技能》（Developing a Verbal Behavior Repertoire using Sign Languge and Skinner's Analysis of Verbal Behavior）于 1980 年完成，比 VB 广泛应用于治疗孤独症儿童早了将近 20 年。

直到 1998 年，松德博格和詹姆斯·帕廷顿博士（Dr. James Partington）的三部著作出版，孤独症儿童的父母才开始对 VB 感兴趣。三部著作中最重要的是《教孤独症和其他发展性障碍儿童学语言》（Teaching Language to Children with Autism or Other Developmental Disabilities, 1998），最受欢迎的是《基本语言和学习技能评估》（Assessment of Basic Language and Learning Skills, ABLLS）。

ABLLS 可以作为一门课程、一个评估标准和一种技能追踪形式，它包括一系列程序，需要一个非常熟悉儿童的成年人来完成。使用 ABLLS 进行首次评估需要三四个小时。一旦完成了对儿童各种技能的评估，就要开始寻找干预的方法。

虽然 ABLLS 对于受过 VB 训练的咨询师来讲是一个很好的工具，但是对于没有 ABA 背景的家长来说极具挑战。即使过去和现在都有很多家长表示对 ABLLS 感兴趣，但是该评估形式让很多家长和专业人士望而生畏，无法完成。以我个人的经历为例，我曾遇到过好几位家长把 ABLLS 退回给我，说自己不明白怎么使用。

直到 2000 年初，才有更多的人开始使用这种新方法，它的惊人效果也开始得以广泛传播。

孤独症儿童的家长会不远千里地跑去聆听卡蓬、松德博格和帕廷顿等人关于语言行为的讲座。参加完研讨会、观看了接受 VB 治疗的儿童取得进步的录像之后，这些家长精神振奋，带着十足的信心回家。他们购买 ABLLS 教程，开始学习怎么教育孩子。ABLLS 的流行和这种新方法在家长中的普及使很多干预计划的重心产生了非常重要的转移，即从回合尝试教学或洛瓦斯方法转向 VB 方法。我相信讲座和研讨会提供的信息以及直接给家长观看孩子取得进步的录像，会促使这些有心的家长去寻找帮助孩子的最佳、最快的方法。

回合尝试教学的原理是，治疗师给出一个指令，得到一个反应，然后再给一个结果。例如，治疗师说"摸鼻子"，摸了自己鼻子的孩子就会获得一块饼干（或孩子企盼的其他东西）作为奖励。VB 同样是运用这种指令、反应和结果的原理，只是采取的方法不同。

帕廷顿和松德博格写书的时候，已经尽力把《语言行为》中的专业词汇简化为较为通俗的用语，但即使这样，很多父母仍感到困惑。

有关语言行为的两个最大的误解是：该方法只对不爱讲话的孩子有用，该方法只对会讲话的孩子有用。

这两种理解都不对。

语言行为包括所有非口语的沟通形式，包括点指（pointing）、手语、书写，甚或使用肢体语言，连发脾气这种沟通形式也算在内。人们产生这两种误解的原因其实是看到 VB 对还不会**交谈**的孩子最有用，而不会交谈既包括已有口语也包括完全无口语的情况。因此，VB 适用于各种发育迟缓的人。虽然很多 VB 使用者是儿童，但是本书中的方法同样适用于不会交谈的成人。

提高语言能力，减少问题行为

语言行为方法对于减少发脾气和其他问题行为几乎总是有效的，这是因为 VB 以评估孩子喜欢什么东西或活动为开端，然后利用这些物品和活动（因为它们能增加我们所期望的行为,所以被称为"强化物")激励孩子去做必要的动作,从而开始学习。

一旦确定了哪些是强化物,VB教学的重点就应该是教孩子如何提出具体需求。斯金纳称之为"提要求"(mand),并在1957年出版的著作《语言行为》中给出了该术语的定义。提要求是VB程序设计的核心。

强化物准备好了,教师就可以开始教了。由于VB是强调以孩子为本的,所以教师一定要把强化物(孩子喜欢的东西)摆在自己的周围;没有让孩子做任何事时,就给他"免费赠品"。这样教下去,孩子会将这个大人当作给他各种好东西的人,而不是一个强迫他完成他不愿做的任务的老师。VB初级课程实施的关键是如何将桌子、教师、教学地点的摆设和教材等与这个孩子的强化物相匹配。这些设计的目标是孩子会迫不及待地奔向教师和进行教学的地方。

在语言行为方法中,孩子们一开始就可以得到东西,接下来,很快就会主动索求(用口语或手语)一些东西。最后,经过有系统的设计训练,他们会开始用口语、手语,也可能是图片,索要桌子上没有的或视线范围以外的物品。一旦孩子对强化物产生反应,能索要一些物品或进行一些活动,教师就可以将希望孩子完成的任务逐步纳入进来。

另外,VB所需的文件记录比别的干预方法要少,使教师能够花更多的时间与孩子互动,提供更多的学习机会。

VB 模式与洛瓦斯模式的主要区别

VB模式的ABA与洛瓦斯模式的ABA的主要区别在于,VB将表达性语言看作一种可以教授的行为,认为每个词汇的各项功能都能明确传授。例如,"球"这个字的不同功能可以通过语言表达或手语来传授。当孩子想要球的时候,会被教导如何提要求。大人还会教孩子识别球的图片,让他跟着念"球"来命名(tact)它,还会教他用手触摸实物的球,最后能够回答关于球的问题。

在洛瓦斯模式中,大人从认知层面看待表达性语言,在开始教导无口语儿童时,并不直接教他们表达性语言。不会使用语言的儿童在开始接受洛瓦斯式训练时,并没有从教师那里学到其他的沟通方法。洛瓦斯咨询师希望孩子先学习遵从非口语的要求,如模仿动作和物品配对练习。洛瓦斯式训练很少教孩子手语，不过如果孩子能够遵从要求后，还是无法发展出口语，洛瓦斯咨询师就会运用图片交换沟通系统（Picture Exchange Communication System, PECS）来教。传统的回合尝试教学还会忽略同一词汇的不同语言功能，至少在前几个月的治疗中不会涉及这方面的内容。

不用 VB 方法的人往往把语言分为接受性语言和表达性语言。你接到的关于孩子的语言能力的报告可能会说，他的接受性语言能力相当于 2 岁 2 个月大的孩子，而表达能力相当于 15 个月大的幼儿。报告可能还会告诉你说，他会讲"球""猫"和"妈妈"这几个词，但是说的次数很少。这些信息虽然能够表明一些基本情况，但是无法鉴别孩子有哪些强项或孩子的哪些能力需要培养。

而在 VB 训练中，如果一个孩子不讲话，他马上会被教导用其他沟通方式，通常是手语，来表达他的需求和欲望。如前所述，提要求技能的训练是 VB 课程最先开展的内容。

如果一个孩子发不出声音，那么要紧的是教他使用其他的方式来表达需求，这样才能使整个课程进行下去。

回合尝试教学会在孩子顺从地完成许多模仿和配对等接受性语言技能之后给予奖励。而 VB 方法则让孩子把更多的时间花在表达性语言技能的训练上，例如，请求、标识、歌词填空，等等，然后逐步学习更高级的沟通技能。

虽然这两种模式都有效果，但在我的咨询经历中，孩子和专业治疗师更愿意接受 VB 模式。任何一项训练计划，不论是 DTT 还是 VB，都会有很棒的课程、咨询师和治疗师；同样，不论什么训练课程，也都可能有好心办坏事的情况出现。本书的目的不是在孤独症或 ABA 学派内进行划分比较，而是概括性地描述 VB 方法，让家长和专业人士有一个基本的了解，并能立刻运用其中的一些内容。

我们要真诚地感谢伊瓦尔·洛瓦斯博士，他在孤独症儿童身上运用了 ABA 的方法，这项开创性的工作让我们看到了希望。他不仅让我们认识到孤独症儿童能够学习，而且开创了教育他们的基础形式。过去几十年中，有关动因、提要求、语言操作、无错误教学和强化等领域的研究，都是从洛瓦斯博士的工作成果中延伸出来的。

一些反对 VB 方法的批评人士指出，由于缺乏大样本对照研究（类似 1987 年洛瓦斯发表的研究）证明 VB 的效果，我们应该继续使用严格的洛瓦斯模式来治疗孤独症儿童，而专业工作者应劝告家长远离 VB 方法。但是孩子们没有 5 年、10 年，甚至 20 年的时间等待大量的对照研究结果，对于孩子的康复目标来说，那种说法适得其反。VB 模式建立在现有的科学研究基础之上，并且已经有几十个个案和多样本研究证明了其对孤独症儿童的效果。我认为家长和专业人士需要用当下最前沿的研究来帮助孩子。所以，没有理由继续等待而不去使用 VB 方法。

不用 VB 会陷入哪些误区

我开始做咨询工作时，在那些未使用 VB 方法的学校和家庭中发现了许多常见的错误。客观地说，这些计划课程不是由一些有资质的专业人士负责督导，而是由某些出于好意、尽力想为孩子做事的好心人负责的，但恰恰是好心人会犯一些关键的错误。举例来说，DTT 的基本要求包括让孩子到桌旁来完成一些任务。在这个过程中，一些工作人员和家长被孩子的哭叫吵闹搞得情绪大坏，会在这个孩子一边哭哭啼啼一边开始拼拼图时，就给他奖赏。在这个例子里，大人给的奖赏实际上反而塑造了负面的哭闹行为。

我见过一些例子，大人给孩子布置的任务太难、时间太久或强化太弱。我还见过大人给不会发声的孩子做接受性语言、配对和模仿技能的训练，却没有给孩子做表达性技能的训练，结果孩子们依然不会发声。

我也见过更加有害无益、不以行为疗法为基础的课程。孩子实际上可能看起来表现良好，但是如果成人不知道如何引导孩子沟通，不知道需要对他的哪些技能进行针对性训练，那么把孩子培养成一位主动学习者、能具体记录下他在语言上有重大进步的机会是很渺茫的。在这些不拘一派、不以行为科学为基础的课程训练中，孩子要跟随成人学习使用介词、时态和方位等复杂的技能。我观察过一个不发声的 2 岁孩子学习代名词（轮到你、轮到我）和介词（如"把小熊放在箱子上"和"把小熊放到箱子里"）的训练。这个孩子既不会说任何话，又不会打任何手语，这种情况下给他指令，要他学会说"我还要积木"显然是不可能的。非行为基础的训练很少记录相关数据，孩子取得进步的速度很慢，而且很难测量。

向 VB 模式转变

卢卡斯接受洛瓦斯模式的 ABA 训练达半年之久，每周 35 个小时的训练从不间断，就在我认为已经取得成功的时候，我的一位朋友参加了一场文森特·卡蓬博士讲述运用 VB 方法训练孤独症儿童的研讨会。后来那位朋友的简单说明促使我做出决定，把卢卡斯的课程计划从 DTT 转向 VB。

我确信，拥有回合尝试训练背景非常有助于转向 VB。感谢洛瓦斯工作点的咨询师科琳·克兰（Colleen Kline），在转到 VB 时，我已理解辅助、渐褪、数据收集和强化等工作的复杂性。我在 2000 年听闻 VB 方法之后，更换了服务机构，开始使用新泽西州罗格斯大学（Rutgers University）的孤独症训练计划，请他们来做家庭咨询服务，并由此开始了我的 VB 学习。

如前所述，VB 方法是 ABA 的一个分支，与标准的 DTT 相比，VB 比较容易掌握。很多受过自然主义技术训练的言语语言病理学家（Speech Language Pathologists, SLPs）经常建议家长远离 DTT，但他们却发现转用或融入 VB 方法很容易。对言语语言病理学家来讲，虽然 VB 的专有术语可能是新的知识，但 VB 方法通常比传统的 DTT 更容易被借用到实际教学中。

这并不是说实施 VB 方法很轻松。实际上，VB 方法非常复杂，往往需要一名认证行为分析师（BCBA）或认证助理行为分析师（Board Certified Assistant Behavior Analyst, BCaBA），而且是具备语言行为专业能力的分析师，来指导工作人员和治疗师。他们还必须根据孩子的进步程度更新孩子的课程进度。

这些咨询费用对于因孩子的孤独症而出现财务压力的家庭而言，高得令人望而却步。虽然在最先进的语言疗法中，家庭需要专业的 BCBA 提供持续的训练和调整，但我们仍然可以先开始比较简易的训练课程，好让我们看到这项疗法的效果。简易课程有了初步成果，就能帮助家长判断 VB 是否适合自己的孩子，在还没有 BCBA 或 BCaBA 的情况下争取到时间，开始一项课程。

现在有关 VB 的信息很容易得到，但它比较复杂，了解起来有一定的困难。事实是，我在学习了 VB 方法并在几年后成为一名认证行为分析师之后才发现，其实可以将 VB 方法分解为一些简单的步骤，让父母和专家清楚地了解如何实施一套 VB 方法，进而帮助孤独症或有其他任何发展性障碍和发育迟缓的儿童。

虽然VB是一个新概念，但它并不是赶时髦。它建立在科学原理之上，符合斯金纳关于ABA教学的所有观点，并且通过融入斯金纳对语言行为的分析，增加了斯金纳提倡的ABA的内容。

我现在是一名认证行为分析师，工作是走进教室，为3岁及以上的学前儿童制订ABA/VB干预计划。曾经还有家长怀疑自己8个月大的孩子有孤独症，请我为孩子做评估，我建议他们使用VB方法帮助幼儿。我提出过一些建议，教家长如何与孩子互动，如何丰富他周围的环境，如何找出孩子喜欢的东西以帮助他学习。因此，任何时候学习本书中讲述的技巧都不算早。

我还为10岁、15岁和20岁的孩子制订过不同的训练计划，他们同样能从这种新型的ABA疗法中受益。

作为一名认证行为分析师，同时也是一名10岁孤独症孩子的母亲，我认为VB方法是迄今为止对不具有交谈能力的孤独症、唐氏综合征和其他发展性障碍孩子最有效的方法。尽管VB是一种不折不扣的行为科学方法，但它也让孩子成为自己学习之路的带领者，因为它使用对孩子有激励作用的事物，让孩子走向自主学习之路。孩子的沟通能力被清晰地分解出不同的功能，这让治疗师容易评估孩子的语言，容易据此设计孩子的语言学习课程。在VB方法中，语言和行为如同一枚钱币的两面，可以同时得到治疗。

VB方法除了在自然环境中教孩子提要求和其他泛化技能外，还使孩子最后有大部分时间坐在桌旁，以便在不断的重复中学习。也就是说，VB方法其实也是采用回合尝试教学的方法，但它最终结合了各种技术，这就是VB最好的地方——很灵活，机动性高。你可以跟孩子一起在家里、餐厅和超市使用该方法，而且治疗师和其他专业人士跟孩子工作的模式会和家长所用的方式完全相同。

所有与孩子相处的人都采用同一套标准，考虑同样的诱导因素，为同一套目标体系制订计划。如此，孩子能够，也一定会取得进步。

VB还有一套用来整理记录和追踪孩子进步情况的方法，以便家长知道何时转变训练目标，改变训练内容，让孩子继续进步。总体而言，记录并不烦琐，从而保证将大量的时间花在孩子的干预上。

写作本书的目的就是进一步分解 ABA 和 VB 中的各个组成部分，让每个人都能够运用 VB 的策略，增强教学训练的效果。

本书旨在为家长指出一条道路的起点或一个前进的方向。它给陪护幼儿行为障碍者的人提供了一种资源。我希望家长和专业人士阅读本书后，能够增加 ABA 和 VB 的知识，进而更有效地帮助孩子们。

接下来，让我们开始学习之旅。

第二章　ABA 入门

约翰尼 3 岁，很难管教。你带他去公共场所，他会咬他的兄弟姐妹，你若不顺他的意，他就躺在地上哭闹。约翰尼能讲的字词大概有 5 个，但他只会反复一直说，而无法恰当地使用。

约翰尼被确诊为孤独症，你因此深感挫败。

老实说，他自己也很受挫。

约翰尼说得出几个词，但不会用。他没有其他方式可用以索要自己想要的东西，所以也很苦闷。

你对于怎么控制他的问题行为毫无头绪，更不知道如何开始教他做点什么。

一般的家长会试图拿出各种强硬的管教手段，例如，罚时出局、数到三、威胁、吼叫、说不、贿赂小孩以求得顺从（如果你上车，我就给你棒棒糖），或者直接把孩子带离现场。

然后，很多家长会惊讶地发现，那些问题行为（即使是普通孩子的问题行为）不但没停止，有时还变得更糟。

这种现象的成因是，儿童把行为当作沟通方式。你只要懂得他们的行为语言，就能采取对策减少问题行为，增加良好行为。

就这么简单，像英文字母从 ABC 开始一样，这就是应用行为分析的入门概念。

在开始实施干预计划前，一定要了解孩子的行为功能是什么，他想要让你知道什么。一旦你能分析他的某个行为的功用，便能针对那个行为进行干预。

仔细瞧瞧孩子的行为。好，如果我说只要你今天和孩子"友好"地共处一天，孩子没有做出任何问题行为，我就给你 1000 元，你会怎么做以确保达到目标？

你多半会允许孩子那天想做什么就做什么，让他玩计算机或把恐龙巴尼①录像带倒100遍。你答应他随便吃垃圾食品，还提供他爱喝的饮料。此外，他可以一整天都不和别人相处或只跟他选择的人相处。

他不但能够得到所有他想要的待遇，还不用做任何不想做的事情。他不必自己穿鞋，不必好好坐在晚餐桌旁，连洗手都可免了。你知道如果那天完全让孩子为所欲为，同时不给他施加做任何任务的压力，你就会**赢得**那1000元。

这个原则正是ABA和VB方法的核心所在。我们在训练之初就让孩子的需要得到满足，而且他不必干他不喜欢干的事情。别担心，这种处境不会太久。我看到过满怀爱意的家长和专业人士忽略这个起点的重要性，结果对孩子和大人都是灾难。

当然，想要一整天都充满强化物，又不给孩子布置任务，这几乎是不可能的事。但是，如果不考虑其他因素，假定孩子很喜欢计算机，很讨厌算术，那么你先从用计算机开始，没多久就一定能看到他的良好行为。等孩子尽情玩着计算机时，你便能很容易地引入算术问题了。大多数行为分析师都想知道问题行为何时发生，这固然重要，但我以为**从来不**发生问题行为的**地方**和**时间**同样重要，因为这样我们才知道该从何做起。

事实是，孤独症儿童把行为当作语言，在你了解他们的语言之前，他们是不会使用你的语言的。

我们来看一个咬人的例子。

假如约翰尼会咬人，你需要找出他咬人的原因。他咬了人对他有什么好处？

有的时候，约翰尼咬人是因为他想得到某个东西，但说不出索要东西的话来。而有的时候，他咬人是为了逃离一个简单的任务，譬如把外套挂好或脱掉鞋。

因此，约翰尼的咬人行为有两个截然不同的功能，前一个是借此获得他想要的事物，后一个是借此逃避他不想要的事物。

这两者需要被区别处理。

人们常常用同一套策略对付咬人和尖叫的行为，比如，约翰尼一咬人，大人就把他罚时出局2分钟。

但你如果审视约翰尼为什么咬人，就会明白将他罚时出局有时反而正合他意，他

---

① 编注：恐龙巴尼（Barney）是美国家喻户晓的一个卡通人物。

正想远离他不想做的一件事情。

即使最后你还是设法让约翰尼完成了任务，但还是强化了咬人这个行为，因为刚才的罚时出局使他得以拖延任务。以后约翰尼非常有可能继续用咬人行为摆脱或拖延任务。简而言之，他用这一招可以达到目的。

你要是有个孩子会尖叫或咬人，却又几乎不会说话，那你最好先控制住他的行为，再开始教他别的东西。

先别担心这个任务是否太过艰巨，本章就是要告诉你如何追踪孩子的行为产生的原因，如何运用科学验证过的技术减少问题行为。

阅读这一章时，请牢记一条。行为原则几乎像地心引力法则一样确定：强化一个行为，这个行为出现的频率就会增加；如果一个问题行为出现后，惩罚或撤销强化，那么这个行为出现的频率就会下降。

如果你处理的是一个有严重自伤行为、可能会严重伤害自己或他人的孩子，那么我建议你请教有孤独症干预经验的认证行为分析师，请他为孩子做一个功能性行为评估（functional behavior assessment）[①]，然后据此展开行为治疗。当你有疑问时，除阅读本书外，还需要寻求专业帮助。

针对多数与哭闹有关但情节轻微的案例，例如，打人、捏人、踢人，甚至咬人（尤其是孩子年幼、个子小到你自己可以对付的话），你应该有能力自己做行为评估，并据此制订行为干预计划，或开始运用一些行为干预策略，此时还不需要马上聘用一位专业人士来帮你。希望本书能够成为你的指引，帮助你知道如何控制孩子的行为。

行为学入门知识

在开始了解行为学的内容之前，首先要明确一点，即每一个行为都包含三个部分。

第一，前提（antecedent，即 A），指的是行为出现前刚刚发生的事。

在约翰尼的例子中，前提可能是让他把外套挂起来。

第二，行为（behavior，即 B），指的是前提之后发生的行为。你让约翰尼挂外套（A），接着他就赖在地上打滚（B）。

[①] 编注：功能性行为评估的相关内容可参看《功能性行为评估及干预实用手册》（华夏出版社，2018 年）。

第三，后果（consequence，即 C），本例中，约翰尼的行为后果是你将他罚时出局，然后你自己动手挂外套。

后果（C）才是最可能决定约翰尼以后面对类似前提时如何反应的因素。在这个简单的例子中，约翰尼哭闹很明显是因为他不想挂外套，你的干预恰好给了他想要的后果，就是他不必挂外套。

这个简单的实例就是行为疗法所称的"ABC 依联"，即所有的行为都可以被分解成一个 A、一个 B 和一个 C。

有三位学者（Cooper, Heron and Heward, 1987）都曾说过，行为不是艺术，而是名称为应用行为分析的一门科学。应用行为分析的定义是，系统地应用行为原理所导出的程序以增进有社会意义的行为。

不过，即使不知道太多 ABA 的知识，照样可以实施行为策略来解决孩子的行为问题，使他安静到可以开始学习。

简单来说，ABA 是改变行为的科学。

所有人每天都在用上面讲到的"ABC 依联"的原理。

如果我问："你好，你叫什么名字？"一个男孩回答："我叫马修。"我说："马修，很高兴见到你。"这就是一组"ABC 依联"。

我的问题是前提（A），马修的回答是行为（B），我称赞他说我很高兴见到他，那就是后果（C）。

前提一定是行为之前刚刚发生的事情，行为可能是正向或负向的，后果也可能是正向或负向的。

一个正向的"ABC 依联"例子：要求一个孩子摸鼻子（A），孩子摸了（B），孩子得到一块饼干（C）。

一个负向的"ABC 依联"例子：你对孩子说"开始拼图"（A），孩子躺到地上尖叫（B），你收回你的要求说："好吧，看起来你现在没心情玩拼图。"（C）

这里的后果是原来要做的工作被撤销了。

在第一个例子里，我们可以预见那孩子很可能下次还会遵从指令，因为他/她喜欢饼干。反观第二个例子，孩子可能学到了只要躺到地上尖叫，大人就会收回要求，负向行为就是这样增多的。

收集数据

在做其他事情之前,第一步总是收集孩子的行为数据。

首先选择一两个困扰你的行为,譬如尖叫、咬人、踢人。你需要记录每小时或每天孩子做出那个特定行为的次数,这样你才能知道你的起点在哪里。有了连续几天的基线频率数字后,还需要试着判断那个行为的功能(可能不止一个功能)。

要判断行为的功能,你可以拿一张活页纸,画出 6 列(参看表 2.1),左边第一列写下记录行为的日期和时间。这样做是为了帮助你追踪行为发生的频率,以及一天当中某个特定时间是否会产生问题。

表 2.1 ABC 依联样例

日期/时间	环境/活动	前提(A)	行为(B)	后果(C)	功能
9月14日 上午 9:15	市场/收银台	看到糖,想要糖	尖叫/倒在地上	给她糖果	关注/拿到有形物品
9月15日 下午 5:00	吃晚餐	被叫到桌旁与家人一起吃饭	尖叫 "不要!"	让她自己在客厅吃饭	逃避
9月15日 晚上 8:00	洗澡	"该洗澡啦!"	"不要!"然后躺在地上	把她扶起来,抱她去浴缸	逃避
9月15日 晚上 9:00	上床	让她自己躺在床上 10 分钟,入睡	脚踢墙壁	不理她,她自己睡着了	感觉刺激

第二列写下环境或活动,例如,语言治疗时间、学校/公园的游乐场或看电视。第三列是前提,在行为发生前你给出的指令或活动,像"把外套挂起来""关掉电视",每一个都是单独的前提。

第四列写下行为。这里的行为必须写得很具体,以便测量。不要写得太笼统,例如,"发脾气",而要写咬人、想要咬人或躺到地上。这一列也可以不止一种行为,例如,踢、哭、叫。总之,必须具体、明确。

举个例子，如果孩子踢腿，那么你必须记录他踢了多少次，你所谓的踢腿／踢人怎么定义。此处的定义没有正确和错误之分，完全看你选择怎样描述事件。如果你给"一次踢腿"下的定义是脚用力往前弹撞某物一次，那么你就可以按此计算这种行为的次数。

现在你明确了行为，还要规定怎样量化行为。

比如尖叫，要确定多长时间和多大音量的尖叫才会被记录。你也许可以规定超过3秒钟的叫声就要记录，或者规定"摔倒在地上的尖叫"才是要记录的行为。你最了解孩子的哪个行为最令你困扰，就从那一个行为开始。

第五列记下在问题行为出现后你马上做的事情，也就是后果。你走开了？你将孩子罚时出局了？你告诉他"不许哭"？你有没有坚持原先那个任务指令？还是你强行带孩子到外套那里，让他捡起外套？这些是你可能填进第五列"后果"的内容。即使你知道给予孩子的后果是错误的干预，也要如实记下来。最后一列填写的内容会有助于你更好地了解孩子的行为功能。

判断行为的功能

记录ABC数据，乍听起来令人生畏，但这是弄清楚什么会诱发孩子行为的最佳途径，弄清楚孩子怎样通过自己的行为达到他的目的。

这个观察期应该持续2~3天，这样你才有足够的数据以供制订对策。

一开始分析行为数据，你会觉得很难明确行为的功能，因为诱发行为的事物并不明确。你的记录可能显示，孩子是在看他最喜欢的录像时，就躺在地上哭喊，并没有人命令他做什么。如果是这样，那么你不妨先设法排除生理因素，尤其是当你观察到孩子有严重的、突然发生的问题行为时。有些孩子耳朵发炎、牙疼、肠胃不舒服，就可能表现出问题行为，看起来好像莫名其妙的，没有诱因。所以，在做行为分析前，你要从医生那里确认孩子的行为不涉及生病的问题。

排除了生病可能，你就可以根据收集的数据来判断行为的功能了，然后将其写进表格的最后一列（参看表2.1），这可能是最困难也是最重要的步骤。

孤独症孩子也好，普通孩子也好，行为的主要功能有三个：得到某事物、摆脱某事物或单纯地寻求感觉输入。

在超市的糖果货架走道中尖叫打人，这可能是一个想要得到某事物或大人的关注的行为。如果 ABC 数据表上写的是诸如"他要恐龙巴尼录像带，我告诉他不行""他要开计算机，计算机却关上了""我在接电话，她走过来开始打我"，那么这些行为极可能是为了得到你的关注或使用某些东西。用行为学术语描述这样的功能，叫作"社会性正强化"（socially mediated positive reinforcement）。"社会性"是指涉及一个或多个人；"正强化"是指孩子要得到某事物（看恐龙巴尼录像、使用计算机或上述电话例子中的获得关注），这个事或物会强化他的问题行为。

行为的第二个功能是逃避任务。看看你的 ABC 表，如果发现很多行为发生在让孩子挂外套、抽认图卡学习、看图认物等指令之后，那么孩子可能是用行为来逃避做事。

也有可能从表格上看，同样的行为（咬）既是为了得到关注，又是为了逃避做事，那么你就必须针对每一个行为设计不同的对策。行为科学中用来描述这种逃避功能的术语是"社会性负强化"（socially mediated negative reinforcement），同样牵涉到一个或多个人，但这里，孩子寻求的强化作用是大人移除某事物，譬如取消下达给他的任务指令。

分清社会性正强化和负强化很容易，前者是加入事物，如关注和具体的物品，后者是去除任务要求。两个功能都与他人有关（社会性），所以我们在学校、治疗时间内和社区环境里经常可以见到具有这类功能的行为。我在本书后面会用"寻求关注"（包括获得物品）一词代替"社会性正强化"，用"逃避"一词代替"社会性负强化"。

行为的第三个功能是感觉刺激。孩子咬自己，可能是要从环境中得到刺激，这叫作"自我强化"，这些行为发生时身边没有他人，或者没有他人与孩子互动。这类行为往往发生于各种场合，以至于我们很难判断其功能。一个孩子可能会摇摆身体、用头撞墙或发出哼哼声，自我刺激与行为的其他功能的不同之处是，行为发生时没有别人在场，也并未处于某项活动中，而且在不同场合中发生的频率大致不变。这个孩子就算坐在别人身边，也与那人无关。孩子所做的只有一件事，就是想要得到感觉刺激。

至此，你应该知道了想要改进的是什么行为、什么时候发生、频率多高以及过去用的是什么方法面对那个行为。

如果你看到一个行为同时具有不同的功能，不必惊讶，孩子会用同一行为得到不同反应，但是你应该看到一个固定模式。你可能会发现某个行为 75% 的功能是寻求关注，25% 的功能是逃避，或者发现上午 11:30 对孩子来说是个困难的时刻。

你需要针对每一个行为设计出一套策略。针对寻求关注的行为，你需要一套干预方法，所有的逃避行为，又是一套。最后，所有寻求感觉刺激的行为，你还需要另一套做法。

根据行为功能制订行为干预计划

虽然阅读本书的你多半不会是行为分析师，但你还是应该能够根据功能写出一个简单的行为干预计划（参看表 2.2 的行为计划策略）。

表 2.2　基于功能的行为干预策略

	寻求关注/获取实物（社会性正强化）	逃避（社会性负强化）	感觉刺激（自我强化）
策略一：预防	·环境/人物与强化相匹配 ·大人每给一个负向反应，就应该给予八个正向反应 ·建立一个有规律的全天作息表，指导进行能够频繁产生强化作用的活动 ·当你没空时，允许孩子持续从事某活动（例如，当你接电话时，让他看录像） ·教孩子提要求技能	·减少或撤销会诱发行为的活动或指令 ·布置简单而能提供辅助的任务（如"挥手打招呼"而不是"说'嗨'"） ·建立固定顺序，让有强化的活动跟在较困难的活动之后（先上厕所再休息） ·将工作区与强化物相匹配（电视、吃的东西） ·逐步引入工作	·丰富环境（音乐、颜色、玩具、活动） ·让孩子白天从事喜欢的活动 ·提供大量感官玩具和活动（弹簧垫、秋千、音乐、发泄球） ·教孩子如何提要求进行感官活动
策略二：针对问题行为的功能采取的对策	·先数数再提要求的程序 ·忽略行为/走开 ·短暂地将孩子从有强化物的环境中罚时出局（在监督下），然后重新带领他做一个中性活动	·继续重复任务要求 ·在孩子遵从之前，避免他接近强化物 ·如有必要且做得到，给予肢体辅助 ·事后分析每次出现的问题行为，预防再现	·忽略轻微且不会导致受伤的行为（摇晃身体/呻吟） ·阻挡（block）重大的问题行为 ·等 5 秒钟，直到孩子安静/静止，再引导他活动，维持互动

你已经把行为 ABC 写出来了，你也辨别出那个问题行为的一个、两个或三个功能了。现在要做的事就是替行为的每一个**功能**制订一套计划。

你不是针对每个行为而是针对行为的每个**功能**做不同的治疗，所以会有三种策略：针对寻求关注/获取实物的、针对逃避性质的和针对感觉刺激的。所有具有同一功能的行为都要用相同的方法治疗。如果约翰尼尖叫、咬、踢和/或打，都是为了拿到他得不到的东西，那么这一组行为要用同一套方法治疗。如果约翰尼尖叫、咬、踢和/或打，都是为了摆脱某些事情，那么这一组行为也要用同一套方法治疗，只不过同一组内彼此会有不同。

所以基本上只要有三组策略就能达到改善行为的目的。一组用于寻求关注的行为，一组用于逃避行为，一组用于感觉刺激。

你可以采用双管齐下的方式（参看表 2.2 针对三个功能的两种策略）。

先想想哪些策略可以用来预防或替代问题行为。

然后想好当有那种功能的行为出现时你该怎么做，并把这些策略写下来。

你花在预防或替代行为上的时间越多，就越能帮助孩子尽快地准备好学习。如果你希望把 95% 的时间都用于预防，这个想法也是可行的。

每当我看到问题行为时，基本都能判断出这个行为的出现是因为大人给孩子的任务难度太高，还是因为给的强化物太弱。

在大人布置给孩子任何任务之前，这个孩子必须是喜欢和这个大人一起工作的，所以一开始给他的任务必须容易，容易到几乎不能被视为一个任务。所谓的任务（指的是当孩子做到时马上会得到强化的工作）可以简单到穿上鞋、上车或说一个句子。假如你看到了问题行为，你应后退一步，想想以后再做的时候可以采取的预防方法。简单地说，预防就是你需要提高强化力度或降低任务难度。

矫正以寻求关注或获取实物为功能的行为

预防/替代寻求关注的行为

现在你搞清楚了孩子的问题行为（因为你做了 ABC 表），那就从预防开始做矫正。譬如，去市场买东西时，他总有问题行为，因为他要糖果。预防这个行为出现的办法应该是确保在市场里他能得到你足够的关注。假如你允许他吃糖，那么可以在去市场的路上给他买一支棒棒糖，你在市场里购物的过程中，他可以吃完那棒棒糖。这个做法的好处是，他得到了糖，他就开心了。在购物过程中剩余的时间内，你还可以针对他的良好行为给予他额外的表扬。

教孩子用替代行为而不是用问题行为获得关注或实物也是重要的预防步骤。

最佳策略是教授孩子如何提出请求，这是语言行为方法的核心，我会在本书后面几章中做深入讨论。

目前，你可以帮助孩子用手点指那样东西，或者用简单的手语表达他的请求。教的时候，你要确保孩子一旦又出现哭闹或其他问题行为，任何人都不会因此给孩子那样东西。

以寻求关注为功能的问题行为发生时怎么办

在某些情况下未能预防，行为出现了，孩子在糖果货架间哭闹，这个时候，你不能给她糖。她可以有糖，但不能在哭闹时得到，你必须教她这个重要的观念。

正确的做法是，把她扶起来，让她面对着你，你说："苏茜，安静。"同时把你的手指放在唇上，做一个嘘声的手势给她看。然后从 1 数到 5，数出声或不数出声来都可以。数完了，你说出糖或做出糖这个字的手势，再给她糖。如果孩子能安静 5 秒钟，她就可以得到糖；如果安静不了 5 秒钟，或在你数数的时候又闹了起来，你要从头再来，引导她安静，再数 5 秒钟。这套做法是教导孩子，她只要哭闹就不会得到想要的东西，反过来，如果她能控制自己，好好地"请求"，她就会有糖。

这叫作"先数数再提要求程序"（a count and mand procedure），是文森特·卡蓬博士创造的术语，这个办法对一般的孩子都有效，可教授他们如何请求获得被允许拥有的东西。你最好先在家里练好这套技术，再用到公共场所里，那样孩子在公共场所哭闹的话，你也能坚持原则。在你能够确保孩子不会因哭闹而得到重重的奖赏，确保"先数数再提要求程序"管用之后，应该确保孩子身边的所有大人也都采用这套办法。

先数数再提要求程序其实就是一个非常短的罚时出局（time out）。大多数常常用到罚时出局的家长和教育工作者往往没有搞清楚，罚时的意义在于将孩子与强化物隔离开来。

对孤独症和其他发展性障碍儿童而言，使用罚时出局经常会收到反效果。在那些

1、5 或 10 分钟的罚时出局时间中，这些孩子并没有了解到自己哪里做错了，也没有了解到什么行为才能让自己拿到强化物。我会在讲座中问听众，如果你认为罚时出局是惩罚，认为给孩子一张贴纸是强化，那么请举手。结果大部分人举手。不过，我的问题也有陷阱。我们要知道某一事物是强化还是惩罚，只能从那个行为以后发生的频率来看，次数增多了就是强化，减少了就是惩罚。

假如要使用罚时出局，那么你一定要确定这是针对具有寻求关注功能的行为。因为把罚时出局用于处理具有逃避功能的行为将会失败。还有，罚时出局的时间要短（尤其是对发育迟缓儿童），要看到它确实发挥作用。记下来你用了多少次罚时出局，以便知道到底有无作用。如果你的目标行为并没有因此减少，那么罚时出局可能就不是好办法。我通常建议对孤独症儿童使用先数数再提要求程序，而不使用罚时出局，原因是，你不只要教他们并让他们知道问题行为不会让他们得到任何东西，更要教他们如何提出正确的请求。

我对卢卡斯从来没用过罚时出局，对发育正常的 8 岁儿子斯潘塞也只用过少数几次真正的罚时出局。

如果孩子索要他不能获取的事物，那会多些麻烦。例如，泰德想光着脚到外面去，但是外面的温度是零摄氏度，你只能拒绝他的请求。

这种情况下，你就不能用先数数再提要求程序，因为数完了也无法提供他想要的东西。

预防很重要。假如孩子想吃巧克力，却对巧克力过敏，那你就告诉他不能吃巧克力，但可以吃苹果、饼干或他喜欢的其他东西。

万一这样做阻止不了问题行为的发生，孩子大发脾气，最好的办法是走开，忽视那个行为，也不能把原先在问题行为出现前答应的强化物给他。

如果孩子的行为增多，你就应设法让他安静坐下，再提供给他喜欢的活动或物品。再说一次，要至少安静 5 秒钟，才能允许他进行有强化性的活动。如果在孩子哭闹过程中用各种强化物（他喜欢的东西）贿赂他，你就会惯出他的问题行为。所以，不良行为（发脾气）和良好行为（好好请求）之间至少要有 5 秒钟的间隔，这很重要。同理，如果在他出现问题行为时给予实物或关注（即使是负向关注，如责骂），那么你的风险就是塑造出更多的问题行为。如果突然看到一个新的问题行为多次出现，那么你要赶快去确认是谁在强化那个行为。

我常常看到家长们责骂孩子，这种负向关注往往是有力的强化物。以打电话为例：你正在打电话，孩子过来打你，想要你关注他。你跟朋友说等一下，然后去骂孩子，可这正是他要的关注。下次打电话前，你应确保他有事情可做，可能的话，你打电话的时间要尽量短。如果你必须花时间打电话，那么当孩子乖的时候，你要暂停讲话，在孩子背上轻轻拍一下、对他笑一笑，或者向他竖个大拇指。

矫正与逃避有关的行为

预防和/或替代行为

如果孩子有很多出于逃避目的的行为，那么你得想想在工作桌、人员、屋子和/或教室方面有哪些可以提高强化的办法。准备好便携视频播放机、糖果、玩具，让工作的地方和强化作用匹配起来，这可能是吸引孩子过来工作的良好开端。这种强化设计必须是在孩子有问题行为**之前**就已布置好的。步骤是不要叫孩子过来工作，而只在工作区先播放他最喜欢的录像，他走到工作桌旁，让他看录像，然后每隔一会儿讲解一次影片的情节，这是为了让你的声音和他喜欢的事情相匹配，以此预防他逃避工作。请记住，我们希望95%的时间是用来预防的。

如果孩子用某种行为逃避课程或活动，那么在问题行为出现前降低任务难度，就是在预防或减少该行为。

如果只要叫孩子拼图，他就发脾气，那么你就试着只叫他放一块拼图，而不是整版拼图；如果他不喜欢挂外套，下次请他把外套脱掉后递给你就好；如果任务是穿鞋，与其要求他把鞋全部穿好，不如将目标暂定为只要把鞋面的尼龙搭扣粘好即可。

不必把目标定得太高，免得引发问题行为。随着孩子越来越能接受你布置给他的任务，他会越做越多。

重点是你的任务是逐步引入进来的，他不会知道这就是"任务"。

针对逃避的替代行为包括教孩子请求休息，或任务太难时请求帮忙，或打手势表示他做完了，而不是发脾气。

在语言行为方法中，我们不主张过度教授孩子请求休息，原因是我们希望孩子喜欢跟我们一起工作。如果孩子个头比较大或者行为问题非常严重，那么教他说出或用手语打出"休息""停止"可能是个好主意。

以逃避为功能的行为发生时怎么办

我的经验是逃避行为会在工作太难或强化太弱时出现。以孩子的能力水平来考虑布置给他的任务，就可以测量出什么对他来说太困难或强化物是否不够强。

但是，如果一个指令已经下达（例如，"拼好一块拼图"），随后问题行为出现了，那你就必须坚持这项指令，同时以肢体接触帮助孩子完成这个指令。在可能的情况下，你给他的指令应该都是你可以帮助他做到的。比如，叫孩子"说'嗨'"，不如叫他"挥手"，原因是后者即使他不想照办而开始发脾气，你也能够扶着他的手帮他做到，再给他强化物（当然要等5秒钟，良好行为出现后就给）。帮助孩子完成你的指令，这叫作"辅助"（prompt）。刚开始对孩子做干预时，下达的指令必须是即使他不遵从，也可以通过辅助而完成的，这项原则非常重要。

一般而言，要用身体动作完成的指令比较容易辅助成功，例如，"拼拼图""拍手""找一样的苹果图片"。而叫一个孩子说点什么，尤其是如果说话本来就是他很难做到的事，那么你几乎注定会在这场战斗中失败，你不可能强迫别人说出任何话来。

辅助完孩子后，还必须思考为什么问题行为会发生。每次他发脾气后，你必须当事后诸葛亮，对其加以分析。有些情况难于采取肢体辅助，我也不建议强制采用。比方说，泰德有45千克重，躺到地上发脾气，我不建议动手扶他起来或硬把他带回桌旁。如果你或孩子有受伤的危险，我不建议用肢体辅助。某些学校或教育机构明文规定，任何拉扯，只要大人对孩子用到大小相等但方向相反的压力都会被看成外力约束。假如碰到需要使用强制力才能搬动或辅助孩子的情况，请用平静的语气反复下达指令，而且不要让孩子接近强化物，直到他遵从为止。

很多孤独症孩子的行为兼具两种功能（获取实物和逃避任务）。一个孩子离开一件他喜欢做的事，去做一件他不喜欢做的事，譬如把恐龙巴尼录像关掉，走到桌子那里去工作，在这变换过程中，他会出现问题行为。他躺到地上发脾气，因为电视上播放的巴尼录像被关掉了，他想要再次打开电视（实物），同时他不想做那个桌子上的工作

（逃避）。

如果孩子在活动变换期内出现问题行为，最好的对策是先帮他做好活动的变换。不要在通知他工作时间到了后马上关掉电视（那是他最喜欢的强化物）。

你最好是把强化物带到桌子上或工作区，然后慢慢地用强化物夹带少量容易的任务，一次一次地，直到可以关掉电视（或拿走玩具，或不让他玩拼图）。这个渐进的过程能教会孩子做到放弃强化物，因为后来还会再给强化物，只不过是分成小份，在整个任务过程中逐步给出。

矫正寻求感觉刺激的行为

预防或替代寻求感觉刺激的问题行为

摇动身体、撞头、吸吮拇指、咬手指和发出类似呻吟的声音，在发展性障碍儿童与成人身上都很常见。

你的孩子会出现这些问题行为，最可能的原因就是他从环境和他人那里得到的刺激无法满足他的需求。频繁地与孩子互动是很辛苦的，几乎是做不到的事情。学校也做不到按每班学生与教师1∶1的比例进行配置，因而有时会很推崇用孩子在教室内"独立学习"的方式来弥补人力配置的不足。家里也是一样，很难做到不间断地和一个需求度很高的孩子互动。

改变以寻求感觉刺激为目的的行为要双管齐下，第一步还是预防，方法是让孩子身处刺激资源丰富的环境。最好有个大人能和孩子在一起，做些有趣的、有强化作用的事。这样孩子就不必再寻求感觉输入了。你要在旁边准备好大量感官玩具，例如，可弹跳的大健身球、秋千、弹簧垫、会旋转的玩具、振动笔、发泄球等，这些都是既能提供感觉刺激又有强化作用的玩具。

要想替代这类问题行为，你就要先找出孩子需要的感觉刺激是哪一类。假设孩子在没人跟他互动时，经常前后摇动身体，请试试摇椅，坐摇椅比较合乎社会行为，而且好玩。假设孩子在桌子上抹口水，请尝试让他用手指画水彩/油画，或者以魔力涂鸦板作为手指刺激的来源,这些都合乎社会行为。

自我刺激行为发生时怎么办

行为发生了,有时你可以忽略它,特别是像摇晃和呻吟这种较轻微的行为。还有一个选择是,当孩子停止或安静下来时,在那几秒钟的时间里赶快上前引导他去做一个有强化的活动。而对较严重的行为,如撞头,你需要用手或安全帽阻挡这个行为。我前面说过,面对像撞头这种会造成自伤的严重行为,你有必要请教有 VB 专长的认证行为分析师。若在此存有疑问,尤其是当你考虑采用安全帽等机械装置来保护孩子时,那绝对应该马上寻求咨询!

我希望随着环境刺激的丰富,这类行为能够减少。可如果孩子的行为还是很严重且易造成伤害,那就需要行为分析师帮忙找出问题所在。

现在开始处理问题行为

现在你可以开始收集问题行为的数据了。本书提到的发脾气行为包括哭喊、踢、咬、打等,你首先应追踪这些含有自伤或伤人成分的行为。不过,即使没有攻击或自伤,只要使你忧虑了,那就是需要处理的问题行为。我接手的个案中,有孩子不停地说"不""这太笨了""我不会做",我追踪记录过这个行为发生的频次,我也矫正过孩子总是背诵电影台词的问题,还有用签字笔在桌面上乱画、手伸进裤裆的问题行为。这些行为显然不会造成伤害,但它们仍然非常有破坏性,也干扰学习。

拿出纸来,记录孩子一项或两项最严重的行为发生的次数。方法是在纸上画"正"字[1]。如果行为出现得非常频繁,你不妨买个计数器。计数器在文具店很容易买到,也可在 www.difflearn.com 网站[2]上买。

接下来是记录行为的 ABC(参看表 2.1 的 ABC 依联样例)。分析数据,再应用表 2.2 的行为策略,制订一组简单的矫正计划。最后是将计划内容发给每一个和孩子相

---

[1] 编注:原文是画竖线,此处根据中国人记数的习惯改为画"正"字。
[2] 原注:该网站由一位孤独症儿童的母亲于 1995 年创办,主要出售与 ABA 和语言行为教学相关的图书、音像制品及玩教具,包括计时器、闪卡等。

关、可能和他相处的人，确保每个人都使用同样的方法处理那个行为。

仅在纸上写计划还不够，你需要给别人演示怎样辨认孩子的问题行为，怎样应对不同的行为反应。大人可以采用角色扮演的方式（一个大人演孩子），你在一旁观察其他照顾孩子的人如何应付问题行为。请记住，大家要用一致的办法，这是关键！

这意味着从保姆到祖父母都得知道怎样预防和处理问题行为。

特别注意：行为矫正计划实施后，有可能一开始会看到问题行为有所增加，尤其是孩子之前几个月或几年里都能从问题行为中得到强化物的话。

问题行为也可能会发生变化，比如，你以前都以忽略的方式应对孩子的哭闹，而现在可能他伴有攻击兄弟姐妹的行为，你需要立刻做出反应。当实施一项新的行为干预计划时，你应该让孩子处在成人监管的环境下，以免他的问题行为严重程度提高时伤及自己或他人。

假以时日，你就会看到孩子在行为上取得的进步。如果没有进步，你需要重新检查计划，改进内容并考虑寻求认证行为分析师的专业帮助。只要记录了基线数据，验证计划的方法就很简单。从基线来看，计划实施不久，行为减少或消失，就表示已进入了孩子行为问题的核心；如果行为维持原先的频率或有所增加，那就必须重新检查。

继续追踪行为频率，记录行为的 ABC 数据，以此判断行为是增还是减。这些数据还能帮你判断行为的功能，帮你了解孩子身边的每一个大人是否都在按照计划而行。

等你把问题行为控制在某个程度内，你就可以开始教孩子学习了。以后他的行为问题会更少，因为他终于开始学到人生最重要的一门课：如何用语言而不是问题行为与人沟通。

第三章　评估

　　语文老师会告诉你语言是由动词、名词和介词组成的，而语言病理学家则大都将语言视为"表达"（说话能力）与"接受"（理解能力）的综合。老师或语言病理学家说得都对，不过，作为一名语言行为治疗师，我会将语言分得更细，这样可以更充分地了解孩子的技能，以便在各个沟通领域分别进行治疗。

　　要想知道走了多远，就要知道是从哪里开始的。评估孩子的能力是我设计方案的起点。金字塔建立在牢固的根基之上才不会崩塌，因此，在传授更复杂的技能之前，培养基本技能是非常重要的。

　　斯金纳认为，说话是一个习得的行为，它受诸如动因、强化、前提刺激等环境变量的控制。你说话之后，发言会得到某种认可。一个刚开始牙牙学语的婴儿会大量使用容易发出的声音，如"ma""ba""da"，也会发一些开放式元音，如"aaaa"或"oooo"。大多数家长都迫不及待地想听到第一句"mama"或"baba"，于是那些咿呀学语的声音就被强化了。相比之下，开放式元音不像接近"妈妈"的声音能得到那么多注意，因此，它们不会被同等地强化。当一个婴儿发出"ma"或"ba"的声音时，家长会兴奋地给予他大量的关注，包括搔痒、拥抱和奶（大多数婴儿的首选食品）。

　　这就是语言在成长中的婴儿身上成形的过程。

　　发育迟缓的儿童学习语言的过程本质上也是如此，只不过他们需要被给予更多、更有力的强化，因为他们的语言发展缓慢得多。

　　尽管如此，我们的关注点通常还是集中在字词上。"孩子会说话吗？"是发育迟缓儿童的父母常常被问到的问题。他们的反应可能从"不会"到"不太会，但能说"，到"通常会说10个字左右"，到"总是说个不停"。

　　但会说话与能够有效地使用语言是有区别的。一个4岁的孩子可能会被评价为具有2岁2个月的表达性语言能力与3岁4个月的接受性语言能力，不过，要想准确地评估孩子的技能水平，这些还不够。

身为一名行为分析师，我需要更多的信息了解孩子的语言功能，他会使用哪些字句？他是如何使用这些字句的？何时使用？使用频率如何？语言行为治疗师不是笼统地看待语言表达，而是将语言细分为更小的单位，包括提要求、命名、仿说（echoic）、交互式语言以及自发性语言。你需要个别评估这些技能来计划语言行为治疗课程。

本书后面附上了一张评估表（参看附录2），它应有助于记录孩子的语言和非语言操作的技能基线。

评估提要求技能

我问家长的第一个问题通常是："孩子如何让你知道他什么时候想要或需要某个东西？"我所问的实质上就是："孩子如何**提要求**？"提要求是最重要的操作，因为它是由动因开始，而以孩子得到他所要求的东西结束。

从科学的角度来说，如果一句话不以动因为前提，它就不能被称为要求。一个孩子想要一块饼干，所以他为此提要求（要）。斯金纳说，动因往往是由餍足（satiation）和剥夺（deprivation）促成的。如果一个孩子喜欢薯片，提要求并得到了它，最终，他会到不再想吃薯片的地步，然后会提要求，要水或果汁。他已经满足了吃薯片的愿望，随后改成想要水或果汁。这充分体现了提要求的背后必有欲望：欲望必然先于提要求。

用行为疗法中的 ABC 来看，动因是 A（前提），行为是要饼干（B），而结果（C）是直接强化（孩子得到饼干）。如第二章中讨论到的，任何被强化的行为都将维持或增加。所以，如果孩子的行为在提要求后被直接强化，那么可以预料到对提要求的使用将会维持或增加。孩子会明白，当他说"饼干"时，他将得到一块饼干。所以，当他饿了的时候，他可能会用提要求而不是发脾气来表达，因为这将是满足他的欲望最快的方式。

评估提要求技能时，最好考虑一个不在视线范围内的、孩子目前没有辅助就可提出请求的东西。对于许多刚接受行为治疗的孩子来说，他们提要求要某种东西的能力非常弱，特别是对那些不在视线内的东西，所以写下他们要求的视线外的东西用不了多少时间。列出了所有视线外可供提要求的东西，再收集一些孩子喜欢的零食、饮料和玩具。无条件地提供一小块饼干（或其他他喜欢的食物），看看孩子会不会把它吃掉。如果他会，你就可以知道他的动因是强烈的。你可以手持另一块饼干，等待5秒钟，看看孩子会不会说出来或打出手语。如果他说出"饼干"或用手语打出"饼干"，那么这将被记录为"可见物提要求"。如果孩子不会说或不会打出"饼干"的手语，那么老师就连续三次做出口语或手语示范，每次间隔约一秒，像这样："饼干"，隔一秒；"饼干"，隔一秒；"饼干"，隔一秒。当你做这三次示范的时候，在第二次和第三次时，要把饼干向孩子稍稍趋近。如果孩子在任何一次示范后尝试说"饼干"，那你就将此记录在标题"有口语示范的可见物提要求"的第三列中。持续实施这一程序以测试孩子提要求的能力。

一个普通孩子每天会就各种强化物提上百个要求，且通常3岁之前就能进一步发展出提要求获得关注的技能，例如，"嘿！看我！"还有提要求获取信息，例如，"爸爸在哪里？"所以，除非孩子是一个"提要求怪物"，否则，你还是应该继续评估，直到有一个详尽的清单。

评估命名技能

接下来的一个要点是"命名"（tact），你可以用英文"接触"（contact）这个词来帮助理解"命名"的含义。当你看到、闻到、尝到、听到或感觉到某个东西时，你可以通过为这个事物贴标签——命名，或是形容这个事物来沟通你的感受。一旦孩子能就一些事物提要求了，你就可以开始教他命名。引导孩子学习命名的最佳途径之一是拍下他最喜爱的强化物的照片，然后请他说出这些东西的名字。你可以使用实物，但我不建议这样做，因为这会与提要求混淆。使用图片还更易于帮孩子跨越不同的VB操作项目。教命名并在不同操作要点上跨越转换的技术方法，本书后面会有详细的阐释，在这里，只需记得命名就是为你所看到、听到、闻到、尝到或触摸到的东西贴标签。

要评估命名技能，最好是收集一些常见的物品，并把它们放入一个标志着"命名"的整理箱。你还需要准备一些空白闪卡（flashcards），打印些小图片或从杂志里剪下一些图片，以评估孩子命名的能力。问孩子"这是什么呢？"来评估孩子对物品及图片的命名技能，并记录孩子的反应。如果孩子的命名技能强，那么你可以使用幼儿识字类的书或识字卡，一一点指上面的图片来评估这个技能。但是，如果孩子的命名技能弱或会因页面上同时有多个物品而分心，那么你就需使用闪卡。

普通幼儿在达到入学年龄前就已经习得了上千个命名词汇。即使命名是孩子的强项，也还要继续评估，直到你建立完成一个超过 100 个词汇的列表。如果孩子的命名技能有限或根本不具备命名技能，那么你在评估了 10 个物品和图片后就可以停止。

评估仿说技能

仿说操作的含义很容易从字面上理解，它指的是重复别人所说的话，类似一个回声。对普通孩子来说，仿说能力对他们的学习是至关重要的。普通孩子看到一台推土机在工地工作时会问父母："那是什么？"父母回应："那是一台推土机。"然后孩子会仿说"推土机"。大部分儿童在一次或两次这样的回答后就学会了一个新词，之后就无须反复学习。

孤独症孩子可能具备一些语言能力，但他的语言发展可能会因无法仿说另一个人所说的话而停滞不前。在某些情况下，孤独症孩子可能无法立即仿说，但会有延迟的模仿言语，不过这也会妨碍他的学习。卢卡斯身上就发生过这种情况。我们在他 2 岁生日时带他去博物馆（在他被确诊前），在那里看鸭子。让他着迷的并不是鸭子，而是禁止喂食的指示牌。我和我丈夫带他到各个指示牌前，读出"请不要喂食鸭子"，之后加上"嘎嘎"。他在博物馆里时不会重复这句话，但到了半夜，他从睡梦中醒来说："请不要喂食鸭子，嘎嘎。"那时，我还没有听说过延迟模仿言语，于是我把它当作一个真正的短句，以为这是卢卡斯能够把词语连成一个句子的好兆头。

要评估孩子的仿说技能，你要确定附近没有任何用具或东西存在，并让孩子坐在靠近你的地方，最好是对着你。你先选择简单的语音来评估，如"妈"（ma）和"爸"（ba）。如果孩子会仿说简单的语音，那么下一次就试一个音节的字，如"杯子"（cup）和"球"（ball），接下来再评估多音节的词以及词组。

关于仿说的内容，我将会在第九章谈到，现在你只需记住仿说操作与回音相似。仿说的前提是别人先做出语言行为（说一个字或词组），而仿说行为是孩子重复这个词语，无论是完全相同还是近似，它可以是立即或延迟的。对仿说的控制①是一个很重要的台阶，它可以打开语言的闸门。

孤独症儿童通常不具备仿说能力，但有时又能仿说几乎所有的东西，所以你不需要评估几百个词，只需简单地评估孩子仿说简单声音（ma、da、do）的能力，然后是单音节词（猫、床），然后是多音节词，最后是句子。

评估交互式语言技能

交互式语言操作涉及回答问题的能力，它在孩子的谈话技能的发展上具有重要意义。卢卡斯在被确诊为孤独症前也有一些交互式语言技能，当年是我的丈夫发现了他的这种能力，但我们那时并不知道在歌曲和童谣中填充缺少的字词也属于一种交互式语言技能。我记得那天，我丈夫叫我，他开始唱公共电视台中《阿瑟王》②的主题曲。当我丈夫唱"我说……"时，卢卡斯就接上："嘿！"然后我丈夫唱下一句："多么美好的一……"卢卡斯就接着说："天！"他们这样唱完全曲，卢卡斯就在该补充的地方填空。令我不解的是，当时卢卡斯在任何其他情况下并不会说这些话。如果我说："说'天'。"他没有反应。他不会要求我丈夫唱那首歌，也不会给任何东西贴标签或命名。他只是说了些字，而这些正属于交互式语言。

所以，当我评估那些语言能力弱的孩子时，我经常会让他们在熟悉的歌曲中补充歌词。但是，评估这个技能的关键在于必须唱一首孩子已经听过很多次的歌曲，不唱每一行的最后一个字。例如，唱恐龙巴尼③的主题曲时，你开始大声慢慢地唱："我爱……"然后留最后一个字不唱。如果孩子不会填入"你"字，那么你就把它说出来，并继续唱下一句："你爱……"等待几秒钟，让孩子填入"我"字。如果他没有，你就替他说出来。

如果孩子能够在歌曲中填补一个字的空白，评估这个技能的下一步就是看他是否可以填补有关日常生活的功能性短语。

---

① 编注：对仿说的控制是指非鹦鹉学舌，知道该学说哪句，不学说哪句。
② 编注：《阿瑟王》（Arthur）是美国公共电视台（Public Broadcasting Services）每天直播的一档儿童节目。
③ 编注：恐龙巴尼的主题曲是巴尼与小朋友共同演唱的《巴尼，我爱你》（Barney, I Love You）。

在这种情况下，你可以说这样的话："你喜欢……"或"你爱玩……"看看孩子是否可以填入"饼干"和"球"①。孩子通常要能够掌握这类简单的填入性交互式语言，之后才能回答更复杂的，如"什么在天空中飞""说出三种颜色"或"什么水果是黄色的"。第九章将会更加详细地阐释交互式语言，截至本节，你只需记住，交互式语言是回答另一个人提出的问题。

评估表达性语言方面的强项与弱项

四个主要的口语操作是提要求、命名、仿说和交互式语言。语言病理学家将这些合称为"表达性语言"。

许多有孤独症或其他发育迟缓症状的儿童有零星的技能。当我们开始第一项洛瓦斯应用行为分析计划时，卢卡斯已经可以提要求要几样东西了，他已具备一些前文所述的交互式语言技能，但不能命名或在指令下做口头模仿（仿说）。当时我还不了解语言行为这种方法，对他也就没有像我现在教其他儿童那样，充分利用孩子已有的表达方面的优势。评估孩子的弱项固然重要，但评估孩子的强项同样重要。首先，你要从记录孩子在哪方面较强开始，要更多地关注他的意愿，而不要更多地关注他口语的准确性。如果你拿起一块饼干，孩子说"本干"或"比嘎"②，那么他仍然是在就饼干提要求。通过给他饼干来强化这个行为，但要确定你示范了正确的说法，并记录下孩子说"饼干"这个词的发音。

还要记录孩子所仿说的词。如果你拿起一块饼干，孩子没有说什么，那么你就说"饼干"，并重复一遍，看看孩子会不会跟着你重复。把这件事作为"辅助下的要求"的记录，因为你呈现了物品并做了示范。

还应该记录那些孩子见到实物或图片时可以命名的物品。最后，应记录孩子在填充歌词时用的字。这些数据将帮助你为孩子设计一个专门以他的强项来对付他的弱项的课程。

在评估当下具备的技能时，你需要知道孩子说了多少话，即使只是咿呀学语。在

---

① 编注：原文是"You sleep in a bed. You drink from a cup."
② 译注：此处的读音参照了汉语"饼干"的发音。

定时器上设好 30 分钟至一个小时的时间，简单地统计这段时间内孩子在自然环境里发出了多少声音或说出了多少字。这将是开始课程前的基线。

评估非语言操作

斯金纳在他的著作《语言行为》的第七章中提到听者的角色，但并没有提到非语言操作，如接受性语言。然而，提高孩子的接受性语言是任何 ABA 计划（包括使用语言行为方法的计划）中的一部分。界定和发展非语言课程计划的大部分贡献要归于伊瓦尔·洛瓦斯博士。许多 ABA 治疗师与研究者都跟随并重复了洛瓦斯的重要工作。例如，ABLLS 中列出了很多操作，包括接受、模仿和视觉执行能力，等等，它们都是语言行为的重要组成部分。

本书后面将详细讨论这些操作，不过，你要先对它们有一些初步的了解，才能更准确地对孩子的强项与弱项做评估。

评估接受性语言技能

接受性语言并不需要发言，其技能基本上是指孩子理解别人正在说什么的能力，孩子可因具备此技能而遵循指令或服从要求。只是讲话迟缓或发育迟缓的非孤独症儿童实际上具备相当不错的接受性语言技能。许多家长会提到他们的孩子如何理解他们所听到的话，并会照着所要求的去做。一个还不会说话的孩子很可能会对"给我球"或"去拿一块尿布"这样的要求做出适当的反应。

但孤独症儿童就不一样了，他们有时看起来像聋人，因为他们不会对要求做出反应。有些家长在带孩子去看其他科室的医生前，会先去看听力专家。我们在卢卡斯 2 岁时带他去看过听力专家，因为卢卡斯对他的名字没有反应。当时我想，如果卢卡斯不得不戴助听器，那就太可怕了。其实，如果他的问题只是这么简单就好了。但连我都注意到，当时尽管卢卡斯对他的名字没有反应，他却似乎在其他情况下听力良好，他总是会听到隔壁房间内播放的儿童剧主题曲。可想而知，卢卡斯的听力检查结果显示他的听力并没有问题。现在，在我更了解了孤独症以后，我明白罪魁祸首是他没有对名字做出回应的动因,而不是听力差。

我们的第一位顾问科琳·克兰来辅导的第一天给出的几个建议之一就是,不要再频繁使用卢卡斯的名字。以前我们在试图让他理解任务、执行任务时,都是将他的名字与我们布置的任务紧紧地连在一起。所以,他整天听到的都是"卢卡斯,去拿你的鞋""卢卡斯,摸摸你的鼻子"或"卢卡斯来这里"。由于他很少做出反应,而我们也不知道如何辅助他完成任务,只会越来越大声,整天重复他的名字,重复我们的指令。克兰向我们解释,卢卡斯需要没有他名字的简单语言,"来这里""拿鞋""摸鼻子"。她还告诉我们,我们需要将他的名字与正强化匹配,而不是与我们的指令和任务匹配。举例来说,我们应该只在提供食物、饮料或有趣的活动时使用他的名字,"卢卡斯,这儿有一片薯片,薯片,薯片""卢卡斯想要推,推,推""卢卡斯万岁"。

评估孩子的接受性语言能力最困难的部分就是要小心地确保你不会以任何方式帮孩子回答或给他视觉辅助。当评估接受性技能(receptive skills)时,你必须保持双手不动,声音中性,还要注意目光,因为目光也可能成为一个辅助。给出一个明确的指令:"摸鼻子。"如果孩子摸了他的鼻子,就表示他理解这个要求。不过,如果他先摸头,然后才摸鼻子,这就算错误。

普通儿童通常有完整的接受性语言能力。一些与卢卡斯相似的孤独症儿童在刚开始接受评估时没有接受性语言技能,而有些儿童在这方面的发展则几乎与年龄相称。

评估模仿技能

模仿技能是下一个评估目标。你先要找出两个一模一样的物品:两辆玩具汽车、两支铅笔和两个杯子。把相同的玩具车放在桌子或地板上,一边将玩具车来回移动,一边告诉孩子"这样做",看看孩子会不会用他的玩具车做同样的动作。接下来,将两支铅笔放在桌子上并将玩具汽车拿掉,拿起你的铅笔轻敲桌子,说:"这样做。"

在评估完玩具/物品模仿后,接下来你要评估的是运动模仿技能。这些是需要胳膊和腿活动的大动作,如跳跃或拍手。一个孩子应该可以在没有辅助的情况下(只需说"这样做")重复动作。在这个评估中,你不要使用如"拍手"或"跳起来"这种句子,而只用如"这样做"这样的指令,看看孩子是否可以模仿。如果拍拍手,然后说"拍手",那么你是在评估两种不同的操作——接受性和运动模仿。在评估的过程中,重要的是要尽量保持这些操作的评估独立。最终,孩子应该能够在没有辅助的情况下做模仿,但开始时,孩子需要"这样做"之类的指令。与仿说技能类似,我发现大多数发展性障碍儿童要么完全没有模仿能力,要么几乎可以模仿任何动作。仔细的评估是关键。

评估视觉表现技能

最后你要评估的非语言操作就是孩子的配对能力或完成其他视觉执行力的技能。许多孤独症儿童是视觉学习者,所以配对应该是一个他们擅长和享受的技能。在语言行为方法中,通常在孩子学会提要求要几样东西之后,马上就会做配对。不过如果孩子喜欢配对和拼图活动的话,你也可以在匹配的过程中就引进这些内容。对那些凭借视觉优势学习的学生而言,"拼图"往往是教会他们的头几个要求之一。

配对技能需要一些用具,你需要从家里收集一些一模一样的物品,可能包括同样的塑料叉子、婴儿鞋、2号铅笔、塑料板、儿童餐具(很容易拿到重复的)和玩具汽车,只要确保这些东西是一模一样的就好。

此外,还需要一些相似而不相同的物品,如三只不同的婴儿鞋、不同品牌的玩具汽车或是一个塑胶汤匙和一个金属汤匙。把那些相同的物品放在一个箱子里,不相同的物品放在另一个箱子里。

你可以买几个整理箱用来整理教具,还可以放孩子的语言行为课程所用的照片。

要评估配对技能,你可将三或四个物品放在地板或桌面上(我们称之为"三或四区")。这些物品之间要有些距离,这样孩子才可能将相同的物品放到它的旁边来配对。给孩子一个杯子,然后说"配对"。开始时,你可以给一个小的辅助,让他知道他在这个测验中要做什么。如果孩子将"四或五区"的全部或大部分物品都配对完成了,那你就可以开始把不相同物品箱子里的东西加进来。

但是,如果孩子开始玩弄桌子上的玩具或把它拿下桌子,那么这表明配对技能的教学应该以"三或四区"的物品为起点。

同样的过程也可以用于配对图片。最容易获得配对图片的方法之一就是购买两盒相同的闪卡,越便宜越好。我过去在折扣店和一元店里买到过一些最佳材料。闪卡可以用于配对课程，也可以用在好几个别的课程，所以不妨在课程开始的时候提前准备好闪卡。

你也可以上网购买需要的用品，可使用 www.difflearn.com 或 www.superduperinc.com 网站①。用网络搜寻特定东西是很容易的（在"图像"选项下），然后打印出来，一式两份。这是用来找一些较不知名的物件的好方法，比如，果汁卷糖（fruit roll-ups）或白宫。这对图片和物品配对也非常有用。

如果孩子在相同和不相同的物品和图片配对中表现出色，下一步就是评估孩子将不相同的物品进行分类的能力。在这个评估中，你可以把不同类型的苹果图片和不同类型的狗的图片放在桌子上，并要求孩子整理出所有的狗的图片。当孩子越来越成功时，你可以让他做更复杂的分类，比如，要求他分隔开饮料与动物的图片或车辆与食物的图片。

其他视觉表现技能包括拼图、搭积木和走迷宫。

至此，我们在各个领域中对孩子做了评估。现在，让我们根据这些帮助孩子进一步学习吧。

---

① 原注：www.supenduperine.com 网站是一个以专门经营各种玩教具为主的英文网站，既包括普通儿童玩教具，也包括专为孤独症儿童设计的玩教具。

第四章　开发强化物

我们对正强化都会有反应

我们都有在生活中获得高度赞美的记忆，例如，在中学时代演话剧得到的喝彩，在工作考核中得到上司的肯定，或是因为钓到一条超大的鱼而上了报纸。你也许已经发现，一旦得到这样的赞美，你就会想要继续做这件事，因为这样能得到更多的赞美。你想要表演得更好，工作得更好，或钓得更好。简单地说，你的行为带来的回报强化了你的决心，让你的良好行为在未来增多。

不论是因工作出色而获得的热烈掌声，还是只是每周工作后得到的薪水，我们每个人对这些强化都会有反应。我们有礼貌是为了得到消费者的微笑，我们当志愿者是因为帮助别人的感觉很美好。

孩子也一样，即使是发育迟缓的孩子，当他们因某个行为而得到奖励时，也会做出积极的反应。这些奖励叫作强化物，强化物是帮助孤独症儿童学习的最有力的工具。从一开始你就要确认如何才能给孩子提供有力的强化，这很有必要。

辨识有力的强化物

请记住：使用强化时，你需要对每个孩子个别化地使用，并依个案每天调整，所以强化物清单需要不断变化和拓宽。有些孩子喜欢糖果，而有些则讨厌糖果。有些孩子对贴纸或具延迟强化的代币系统反应很好，而对有些孩子则最好能立即强化。甚至如前所说，有些孩子可能会对责骂和罚时出局感到有强化作用。

我有幸在莱瑟姆博士过世前听过他的演讲，他是《正向教养力量》(*Power of*

Positive Parenting, 1990）一书的作者。在这本书中，他说所有人在每获得一次负向反馈后，都需要再得到八次正向反馈。他的演讲改变了我的生命。他描述了总给学生很多负向反馈的课堂，然后又对照描述了一个"好"课堂。那里的老师每给一次负向反馈，就会再给出八次正向反馈。你给予的正向反馈可以是非语言的，也可以是语言的。对孩子竖个大拇指或只是笑一下都可能有强化作用。我相信如果工作和学习环境中所有人都使用这样的法则，成人和孩子将会更快乐和更有成效。过去几年中，我学到，如果没有给予他足够的关注，不管是孩子还是成人，行为问题都会增加，以获取你的关注。对大多数发展性障碍孩子来说，在每周的服从与学习完成之后，给予他们比平时更多的赞美和奖品，这是一周工作结束前的重要事情。

开发强化系统听起来很简单，真是这样吗？实际上并非如此，这是相当困难的事情。这就告诉你为什么：在餍足和剥夺的法则下，孩子在不同的时间点，针对不同的事情，对不同的强化物会有不同的反应。

不论孩子多么喜爱饼干，一旦他餍足了，就不会再把饼干当作强化物，饼干不再是强大的动因。想象一下，一个在糖果店中的孩子，最终必将对糖果失去兴趣。剥夺孩子最喜爱的强化物可能在某些时候有效，但也是一个危险的平衡。虽然这样做会增加强化物的价值，但也可能营造出一种气氛，孩子觉得他必须非常努力地学习，然后才能看短短几分钟的电影。如果相对于强化物来说，任务过难，那么孩子可能就会认为不值得努力学习。孩子会在一个阶段喜欢某种特定的食物、某一本书或某个活动，但下一个阶段他又不喜欢了。这种阶段性偏好变化在普通孩子身上也是一样的。

虽然看上去很复杂，不过你最终能做得非常棒，况且它很容易上手。我们现在就开始吧。

选择强化物

在语言行为课程的开始阶段，你要挑选出老师容易控制的强化物。例如，孩子最喜欢的球在开始阶段并不是一个好的强化物，因为在强化完成时，可能会导致发生争夺。相反，饼干容易被切成小块，每一次可以给一小块。其他容易控制的强化物包括M&M巧克力豆或倒在小杯子里的果汁。糖果或饮料一旦被吃掉或喝掉，孩子就可以通过重新投入工作而再次获得。

食物通常是最好的强化物之一，但是父母和专家都对此犹豫不决：该不该整天给孩子在正餐之外提供少量食物。对一些人来说，这像训练狗；而对另一些人来说，他们对孩子完成这样轻松的任务就能得到奖赏有异议。此外，孤独症儿童常有进食障碍，往往体重过轻或过重，且通常非常挑食。

我也担心整天持续地喂孩子食物会有风险，不只是体重的问题，如果整天吃糖果，我也担心他们的牙齿。然而，我在工作中很少遇到对食物强化不产生正向反应的孩子，在几百个孩子中，只有极少数在开始阶段只得到赞扬就有正向反应。因此，在实施语言行为课程的初期，几乎都会用到食物。不过，我们的计划是给他们喝一小口、吃一小块，以免最后吃太多。你还可以尝试把白水或稀释的果汁当作强化的饮料选择。孩子最喜欢的饮料、糖果、椒盐脆饼和小金鱼起司饼干通常是孩子在学习"提要求"时最早用到的几种食物。

以视频和 DVD 作为强化物

有些强化物不是食物，但容易掌控，你可用这些强化物来帮助孩子。在此类别中，最有力的是电视。大部分孩子喜欢在便携设备上看录像或 DVD。现在，你可能会想：我先是整天喂孩子吃他喜欢的东西，然后还得让他看电视？那他什么时候能学习？有必要再次强调：VB 课程能够有效地让孩子学习，它的设计原则保障了这一点。目前，你正在寻找能够帮助孩子长期学习的最佳奖赏系统。同使用食物强化物一样，看电视或录像也应少量给予，几分钟的学习将能让孩子看 30 秒钟他喜欢的录像。一个好的做法是，购买那种可以放在桌子上、附有录像带或光盘播放装置的小电视。如果实际生活中很难这么做，那么就尽可能把家里的电视放在靠近桌子的位置。不管你买小电视还是就近使用大电视，两者都需要遥控器，可以很快地开关。

你也许担心孩子喜欢的录像（特别是他喜欢的片段）被关掉，他会生气；你也许担心他不满足于你给他的那一点点食物。在本书后面几章中，我们将学到如何在教学中应用强化物，但目前首要的是辨识哪些事物能让孩子产生积极的反应。

最好的方法是在孩子看录像时观察他，孩子喜欢看预告片还是片尾演职员表？有没有哪些片段是他一再重复看的？将孩子最喜欢的具体片段记录下来。

从对自我刺激或问题行为的审视中开发强化物

在寻找最有力的强化物时，你还可以通过审视孩子的自我刺激行为或问题行为辨识出其中哪些事物可能具有强化作用。如果孩子拿彩色笔在墙上和桌子上乱涂，那么纸张、蜡笔或魔力涂鸦板都可以被当作强化物；如果孩子总是在眼睛前面弹手指，他可能是在找寻额外的视觉刺激，那么旋转发亮的玩具可能对他有用；有的孩子喜欢自己旋转直到头晕摔在地上，那么他可能对坐上去转圈圈的玩具有积极反应。

完成强化物评估

现在可以拿出一张纸，列出一些可能的强化物的类别了。列出孩子喜欢的所有食物和饮料；列出孩子喜欢的所有影片和录音，包括他最喜欢的影片中的某一片段；列出能在桌面上短时提供的强化物，可能包括肥皂泡泡、会发亮和旋转的陀螺，或一支用来轻拂孩子皮肤的干净的鸡毛掸子；列出需要离开桌子进行的活动，这些活动要有动作，例如，扶他坐在弹性运动球上上下弹动；让他躺在地上，在他身上滚动运动球；帮他推秋千；用毯子把他卷起来，再快速地打开毯子把他放出来；让孩子坐在你的膝盖上，帮他保持平衡，抓着他的身体上下颠晃；还有快速摇晃他坐的椅子。

某些情况下，你有必要填写强化物调查表来更细致地观察和评估。如果和孩子一起工作最多的人不是照顾者，父母应该填写简单的强化物调查表（不同的强化物调查表可以从 www.establishingoperationsinc.com [1] 或 www.verbalbehaviornetwork.com 网站 [2] 上取得）。专家也可能需要在设计课程之前观察孩子，可以简单准备一些 M&M 巧克力豆，然后看孩子会不会拿，或给孩子一碟薯片，然后记录下多长时间以后他才去吃。

记录要注重特殊性和具体性，孤独症孩子十分刻板和挑剔。例如，我的孩子只用吸管喝小纸盒内的牛奶，只吃放在碗里的全麦麦圈（Cheerios）。他不喜欢我直接用手

---

[1] 原注：该网站由认证行为分析师霍利·基布和谢林什·特威格斯（Cherish Twiggs）创办，为孤独症或语言发育落后儿童提供培训工作坊或开展以家庭为主的语言干预。
[2] 原注：该网站由孤独症儿童家长于 2000 年创办，提供培训的信息、表格样例以及 VB 课程等。

递给他的麦圈，也不喜欢用小纸杯装好一口可以喝完的水或牛奶。如果老师告诉你强化物在学校无效，那么请跟老师确认强化物是不是用孩子喜欢的方式呈现的。一般来说，如果和孩子接触的干预人员不止一位（大部分情况是如此），就需要十分仔细地描述强化物。

如果孩子哭、尖叫或推开某个强化物，那你就得再次确认该强化物及其给予方式是否适合。

另一种进行强化物评估的方法是在工作桌上摆出可能的强化物，然后观察孩子首先选择哪一个，他玩了多久；如果是食品，他先吃哪一样。还有一种方法是在房间或桌面上放许多不同的玩具和食物，或安排一些活动，然后观察孩子和那些事物的互动。记录孩子的喜好可以在无干预的情况下进行，也可以在你在场的时候进行。例如，凯蒂在荡秋千，看起来很高兴，你靠近她并且帮她推一下，记下她的反应。你的参与对凯蒂来说让这个活动变得更有趣了还是更无趣？如果鲍比正在看书，你开始讲书里面的一些事情，这个活动对鲍比来说变得更好还是更差？对他而言，随意翻页的动作是强化，还是你和他的互动是强化？如果他更喜欢自己看书，那么就可以以此为起点。

然而，所有这些强化物最终都将与给予强化的大人相匹配，如上例中让孩子听大人讲故事。我们想让人（不只是饼干、玩具和活动）也变成孩子的条件强化物，这样在饼干和电影之外，我们就可以使用赞美和更多的自然强化物了。

当你列好强化物清单，就可以依照它们有用的程度来排序，最好从少量可控的强化物开始，它们是消耗性的，或者可能使用后就会消失。被吃掉的一块糖果，或在泡泡圈上吹一下，泡泡会很快散掉，这是两个很好的可控的强化物的例子。

对于有些孩子来说，最好的强化物是那些能够拿在手里把玩的东西，例如，书或细绳子，那么你在取回强化物的时候须尽量温和。开始时，你可能得用一块饼干来交换孩子手里的书，或者让孩子一次得到几样强化物。要点是，在孩子眼中，教师或父母是给予的人，而不是拿走的人。渐渐地，只要成人小心地避免用夺取的方式拿回物品，孩子终将学会不用挣扎而放弃强化物。

如果对寻找孩子的强化物感到困难，你也不必沮丧。某些孩子似乎对任何事物都不会感到兴奋，但是我相信所有的孩子和成人不论处在哪种能力水平，总会因某些事物而产生动因。所以，有可能在课程的初始阶段，自我刺激就是他的强化物。如果只有转圈圈或扑手能让孩子产生动因，那么你就需要把它们发展成强化物。自我刺激行为是一个起点，你需要开发出与自我刺激相似同时又可控的强化物，目的是找出由你给予且比他自己的手指更有吸引力的物品。

开发适龄的强化物

如你所见，我认为很多东西都可以作为强化物。家长经常问我有关孩子喜好的问题。比如，《天线宝宝》是最能强化10岁孩子的影片，怎么办？5岁孩子喜欢玩为1岁半孩子设计的婴儿玩具，怎么办？首先，不必慌张，评估孩子要看他的发展年龄，而不是生理年龄。如果10岁孩子的语言技能相当于2岁孩子的，那么他想要看《天线宝宝》并不令人意外，那个节目符合他的技能水平。看《天线宝宝》是开始阶段的强化物，随着孩子的技能和信心的提高，他可以被温和地引导接近更适龄的强化物。开始是《天线宝宝》，接着尝试加入《芝麻街》，最后加上《阿瑟王》或《海绵宝宝》的录像[①]。

我觉得你的强化物不会太多，但我相信你的强化物数量和类型会持续增加。如果你记得餍足和剥夺的法则，那么当你发现孩子对某个特定强化物出现餍足时就不会感到意外，尤其是不限制他接近这些物品的话。

由此引出下一个重点。明确了孩子的强化物后，你要确保他不会无限制地接近强化物。在开始使用语言行为方法之前，我们家上课房间的地板上经常散落着各种强化物。我们使用了洛瓦斯方法一年，治疗师在教学休息时间告诉卢卡斯"去玩"，卢卡斯环顾房间，选择一个玩具玩一分钟或两分钟，随后被叫回课桌旁。而在语言行为的课程中，孩子的强化物会被放在透明的盒子、袋子里或高处的架子上。孩子在没有成人的协助下应该拿不到强化物，这样可使孩子需要大人，不得不与大人沟通。我们希望借此让孩子开始觉得大人是所有好东西的给予者。

将学习环境和强化作用相匹配

课程方案的下一步骤是"匹配"的过程。匹配是将环境、人、材料和已知的孩子

[①] 编注：这几个节目在情节设置、人物关系、台词内容等方面复杂程度依次增加。

的强化物联系在一起的过程。你应该已经确认了孩子的强化物,并已把这些物品放在学习区域内孩子拿不到的地方,以便可以控制这些物品。匹配是一个持续进行的过程,不是你在几天或一周里可以完成的事。我的确听到过专业人士说:"我们先用一周来进行匹配,随后就可以开始工作了。"但这样效果并不好。

在照顾者或专业人士与孩子一起工作的过程中,需要一直强化匹配这件事。当然,最重要的还是在学校或治疗时段中进行匹配,因为那些时间中有更高的要求。

请记住,即使你是家长,当使用语言行为方法与孩子一起工作时,你会发现自己也变成了孩子的老师或治疗师之一,其实这是一个思考如何在家庭中创建治疗空间的好机会。治疗空间可以小到房间角落、孩子使用的桌子,也可以大到整个房间或整个地下室。这些地方将是孩子的上课场所,有教材供你教孩子。把上课场所与强化作用匹配起来是成功的关键。

上课场所的布置重点是,把它变成孩子想去的地方。你肯定希望孩子跑向这张桌子旁去学习,希望他以后看到认知卡片和其他学习材料时很开心,很乐于使用那些东西,希望孩子在上课时间内没有问题行为。这些听起来只是幻想吗?

不,这不是幻想。任何一个学业性课程目标都是让孩子成为快乐的、有意愿主动学习的人。这也是你在家庭课程中所要寻找的方向,你希望孩子愿意来这里。

你能够知道自己正在成功地创建这种类型的环境,也能够通过一些迹象感觉出你的创建没有起到效果。例如,如果孩子在治疗师按门铃时边哭边逃到外面,那么你就得重新评估孩子对这名治疗师的感受。或者,如果孩子总是抗拒上学,这就说明学校环境并没有和强化作用相匹配。遇到这些情况,你就需要重新对老师和环境与强化作用进行匹配。

如何与强化匹配

一旦确认了强化物,你就必须想方法把你自己(或任何和孩子一起工作的人)、房间、教材和孩子高度感兴趣的东西联结在一起,这称作"匹配",此过程简单而有趣。成人应该准备好孩子可拿到的很多强大的强化物,走向孩子,然后在未向孩子提任何任务要求的情况下,把这些强化物给孩子。一开始,如果孩子对老师或治疗师反感,可能不会从成人的手中拿取强化物。在这种情况下,成人必须从将一片薯片放在孩子旁边开始，或打开电视，然后离开桌子。孩子将自己取用薯片或独自看电视。此后，成人再一小步一小步地逐渐达到孩子在自己出现时拿取强化物的目的。某些孩子比其他孩子在这方面需要下更多功夫，这不是你个人的缘故，只是意味着你得再努力些，再慢一些，以换取孩子的信任。

如果孩子愿意从你手里拿取强化物，那么你开始递给他时请保持沉默。当他从你手边快速拿走物品而没有出现问题行为时，你就可以报出那个物品的名称，将你的声音与呈现物品的动作匹配起来，比如，当你给出强化物时，同时说："薯片、薯片，吉米，给你薯片。"

继续使用此方法，直到孩子能容忍你靠近他并提供物品。一旦他对你感到舒服自在到一定程度，下一个步骤就是将强化物放在桌子上离孩子不远的位置，然后观察孩子是否会靠近你。这个距离可以近到孩子坐在座位上能伸手拿到物品。一旦他开始靠近，你就给出强化物且不提任何要求。在这个阶段，不要求孩子用任何口语或手语表达。

随着时间的推移，治疗师可以把物品从孩子那里一步一步越移越远，逐渐到最后他需要放下正在做的事情，然后走几步靠近治疗师。你不妨花点钱买条工装围裙，把物品放入围裙口袋里，让你身上随时有强化物可用。这样的方法能够让孩子了解到，和他一起工作的大人掌握着所有他喜欢的事物，而且他用不着学习，这个大人就已常常给他那些好东西了。

使用强化物以及将老师和强化物进行匹配是语言行为课程的第一个步骤。孩子需要渴望靠近老师，做好学习准备。如果课程一开始就对孩子有所要求，那就太早了。如果对匹配感到困难，那你可能需要重新评估所用的强化物，并确保环境本身已经与强化匹配好了。

在我的工作中，大约一半的孩子很容易完成匹配这一步骤，因此，起步阶段的工作会进展得相对快些。一旦孩子靠近你或老师／治疗师，而且他看起来愉快，那就是成人开始和孩子互动的时机。开始时，你可以给孩子解说电视节目内容，或给孩子搔痒，把他放在你的膝盖上摇晃，或给他唱歌。将吸引力较低的物品或活动与较强的强化物匹配起来也很重要。如果凯蒂喜欢荡秋千，但不怎么喜欢听人唱歌，那么将这两样活动匹配在一起，就可以将唱歌变成凯蒂未来较喜欢的活动。

简单任务

如果你发现孩子很容易让你进行匹配，那么牢记开始时给他布置的任务难度要低一些。我见过的非专业人士与"容易进行匹配"的孩子工作时犯的最大错误是过快地加入任务。当孩子愉快地靠近学习地点时，孩子并不会真正知道他其实是要学习。如果孩子注意到了单纯的强化中加入了任务，那就意味着这个转换幅度太大了。

如何确认何时是开始学习的时机呢？在你想要开始慢慢加入任务之前，你需要观察孩子的行为。在加入任务之前，孩子应该能够进入学习区，并至少好好地坐几分钟。孩子应该能够容忍你（或治疗师）的声音，以及你轻微碰触他的手臂和背部。

我们开始的第一个教学任务是让孩子学习说出或表示出对某个强化物的渴望，一定要从他最喜欢的物品开始。

这将为提要求打下基础，一旦环境与强化充分匹配，你就可以开始进行提要求训练了。你也可以通过使用玩具、匹配相同的物体和把简单的拼图放在一起来进行一些模仿训练。你可以参考语言行为评估的结果，提出一些孩子很容易达到的要求。这些活动的目的是让他知道获得强化是多么容易，使他渴望学习。

可变比率强化程序表

在你将强化与简单的附加任务成功匹配之后，你就要了解可变比率强化程序表（variable ratio schedule of reinforcement, VR）的概念了。可变强化比率的定义是，在两次给予强化之间，孩子做出正确反应的次数的平均值。开始阶段，你要持续提供强化而不下达任何附加指令，然后逐渐开始增加任务，但对每个正确反应都要给予强化。这种对每一个正确反应都给予强化的过程叫作"连续强化比率"。接下来，你需要执行可变比率强化程序表。

与固定强化程序表不同，可变比率强化程序表的好处是，虽然孩子只要完成几个任务就能够获得强化物，但他并不确切知道何时能得到。对这类程序表的实践表明，经过一段时间的练习，它能够教会孩子积极且稳定的反应。

可变比率强化程序表由成人设计好，并逐步增大可变比率。如果可变比率为 2，那就意味着在一个教学时间段内，孩子有可能完成一个任务就会得到强化，但也有可能需要完成两个任务、三个任务或者四个任务，才能得到一次强化，而平均下来是完成两个任务获得一次强化。每一组任务叫作一个"教学单元"（run-through），该术语由霍利·基布和谢林什·特威格斯于 2001 年所创。如果采用可变比率为 2 的强化比率，那么第一个教学单元中可能需要在孩子做出三次正确反应之后给予一次强化，而下一个教学单元中只做出一次正确反应就给予强化。

再如，如果可变比率为 3，那么你可能要在一个教学单元中孩子完成四项任务后给予强化，而在下一个教学单元中，他只要完成两项任务就好，这样平均数就能达到 3。

下面是一个可变比率为 3 的教学单元实例。

在开始工作之前，你先给孩子一片薯片作为强化物，然后说："摸鼻子。"——孩子遵从（反应一）。你指着杯子问孩子："这是什么？"——孩子正确地回答（反应二）。你指着狗的照片问："这是什么？"——孩子遵从地答："狗。"（反应三）你说："起立。"——孩子站起来（反应四），然后你说："我们去跳蹦床。"这个活动对于孩子是很强的强化物。在这个案例中，该教学单元的反应数（两次强化之间的正确反应数）是 4。

孩子和教师走到蹦床上，教师牵着孩子的手并带着孩子跳（强化）。教师开始下一个教学单元，教师唱："一只猴子跳上……"然后孩子填空："床。"（反应一）教师指示孩子停下来，然后下令："跳。"孩子跳了起来（反应二），跳本身也是对孩子的强化。这个教学单元的反应数是 2。这两个单元的反应数平均下来，即可变比率为 3。

增大可变比率的过程须缓慢而谨慎，应该根据孩子的表现做调整。如果孩子在工作桌上有某些逃避行为，那你就需要降低可变比率。有的孩子在星期一或假期后上学的头一天的可变比率较低。如果孩子在工作桌上不合作，或是表现出攻击性、自我伤害行为，或出现自我刺激行为，那么这通常表明可变比率太高了，甚至可能需要退回到单纯的匹配阶段。时不时地退后几步，增大任务难度时加倍小心，从长远来看，这种做法是值得的。

同 VB 疗法的其他部分一样，每一个与孩子一起工作的人都需清楚并执行相同的可变比率强化程序表。还需牢记，孩子做好了任务，你就一定要让他得到奖赏。如果孩子在某个任务中表现良好，那你就**不该**在此教学时间段内增大可变比率，因为那相当于对孩子的处罚。可变比率应该在几天或几周内逐渐增大，而非在一个教学时间段内增大。

持续追踪可变比率将帮助你了解孩子在什么时候能将任务完成得最好，这也是处理在完成桌面任务时出现问题行为的好方法。父母和专业人士并不总能意识到自己在某些时候给孩子施加了过多的任务。密集教学过程中出现的问题行为几乎是这种情况的一个指示计。大人可能以为自己正带领着孩子玩，实际上，他们的玩法充满条件且没有强化。可变比率强化程序表能让大人紧扣任务，因为它会提醒大人留意自己给孩子的指令。

本章介绍了如何确定强化物并应用它们以帮助孩子学习。强化是语言行为教学的根本，必须让孩子的学校老师、治疗师或咨询师了解，孩子需要的不只是一天当中偶尔的几个"好棒"，若他们不相信这些原则，教学课程将会失败。

我发现有的老师对于在教室里将食物或电视当作强化物有所迟疑，要记住，强化物的选择权不在大人而在孩子。老师会抱怨玩具或影片会对其他孩子造成干扰，而且只让一个孩子整天得到糖果是不公平的。然而，不得不说的是，如果不是每个人都了解并支持强化观念的话，语言行为教学就无法顺利进行。请尽力和老师及照顾者沟通，帮他们认识到强化物对于孩子的学业和个人成长多么必要。

一个强而有力的、个体化的强化系统对任何一个在学校或家里实施的语言行为课程都是至关重要的。只要这套系统就位，真正的课程，也就是"教孩子和你沟通"，就可以开始了。

第五章　提要求

卢卡斯2岁时会讲的话并不多,他被确诊为语言发育迟缓。从那时起,他即开始接受语言治疗。虽然我不知道他有孤独症,但我仍希望他得到最好的干预机会,我要尽我所能地帮助他。

我参与他每周的干预课程,不久之后,我询问他的语言病理治疗师是否有一些工具可以用于在家帮助孩子。让我惊讶的是,他连一本书都无法推荐给我,但他鼓励我去看他在课程中做的事情,并在家中模仿这些做法。我无法想象在这个领域中竟然没有可提供给家长的资源,所以我做了一些研究,并找到了《结伴对话》(It Takes Two to Talk)一书,它介绍了汉娜中心[1]的教学方法(Manolson, 1992)。

坦白地说,那时我并未去寻找关于如何帮助孤独症孩子说话的书籍,因为我仍极力否认这个诊断结果符合事实的可能性。如果你正在读这本书,而孩子有语言发育迟缓的问题,但还没有被确诊为孤独症(可能永远不会),那么我要赞美你为了帮助孩子而阅读各种书籍的勇气。本书中的干预方法同样可以帮助普通孩子的语言发展。当卢卡斯被确诊为语言发育迟缓时,我的一位朋友建议我将孤独症的干预方法纳入进来,但我没有听从,因为我害怕卢卡斯有患孤独症的可能。但事实上,假如卢卡斯只是语言发育迟缓,应用行为分析会比单独做语言治疗对他更有帮助。

《结伴对话》提供了一些建议,包括将物品放在较高的柜子上、打乱固定常规以及再三重复说出某个单字。这些技巧对卢卡斯来说就像魔术一样,他的词汇量增加了一倍以上,而且开始较频繁地索要物品。卢卡斯的语言治疗师拥有非常丰富的知识背景,在教孩子索要东西上很有经验,这使得他们学得更快,行为表现更好。但是,我们不知道如何将环境与强化物匹配起来,不知道怎样逐步引入别的任务。事实上,直到卢卡

---

[1] 编注:汉娜中心(The Hanen Center)是一家致力于提高语言发育迟缓儿童的语言能力的机构。

斯 6 岁，也就是在他开始接受语言治疗 4 年后，我才知道什么是可变比率强化程序表。

在开展语言课程期间，治疗师会在一开始进行一个有趣的活动，像吹泡泡，然后试图让卢卡斯要求拥有更多的泡泡。她用这种方法教卢卡斯提要求——提出需求或索要。这原本是一个成功的策略，但她之后很快转为教轮换和一些抽象的概念，例如，使用"是"或"不是"回答问题，或使用前置词、代名词和复数。卢卡斯对吹泡泡和提要求感到开心，但一旦课程超过这些，他的行为很快就变得越来越糟。

提要求是语言行为方法中不可或缺的一部分。如前所述，提要求的基础是让一个需求获得满足，并且和动因有关。孩子必须有动因才会提要求获得某个物品，这动因或是饥饿，或是对另一个物品的欲望。孩子想要果汁，提要求，然后得到果汁。提要求课程有一个好处，就是上课时孩子提要求总能被立即强化，老师会立刻给予那个物品或活动，强化孩子提要求的行为。

根据马克·松德博格博士和其他语言行为专家的看法，问题行为几乎总是因为个体缺乏提要求的技能而产生，即无法让需求被了解，这在各个层面都是如此。给我一个有行为问题的孩子或成人，我就可以证明他并未学习到如何有效地提要求获得自己想要的物品、活动或信息。

口语表达并非唯一可以满足需求的方式。婴儿可以完美地使用哭声，很多父母说他们能够分辨想要食物的哭声和想要换尿布的哭声。我并无这种技巧，但我知道如果我的孩子哭了，他一定是有所需求。哭是新生儿最初提要求的方式，而且是基本的生存技能。一旦婴儿长大了，他们提要求会变得更明确，这种提要求的技能会不断发展。一个 6 个月或 8 个月大的婴儿想要被抱，或想要用果汁代替牛奶，会发展出一个沟通系统以满足这些新的需求。普通孩子将学会用手点指，或伸出手臂，或使用一些手势。孤独症或其他发育迟缓孩子可能不会发展出手势技能，而事实上这也是孤独症的标志性症状：到 18 个月大时，还缺乏点指的能力。一个无法表达需求的孩子，哭的行为将会持续出现，并因此逐渐形成用哭和发脾气进行沟通的模式。

要想让孩子学会与你沟通，教他学会提要求是一项基本的技能。在开始之前，请务必确认你掌握了非常有力的强化物，学习环境也与强化作用做好了匹配。如果你需要有关这部分的指导，请重新阅读第四章。你还需要知道孩子对哪些事物是有动因的。如果孩子伸手去拿桌子上的物品（饼干或果汁），或拉着你的手，带你前往至某个物品或活动所在的地方，我们就会知道孩子对哪些事物感兴趣。有些孩子会指出想要的事物或发出非特定的声音来表示他们有某种欲望。

我们来看看蒂米的例子，蒂米是一个 4 岁的孩子，最近被确诊为孤独症。他的父母急于实施应用行为分析/语言行为的干预计划。蒂米可以说几个字，但对任何东西都不会提要求，即使他想要的就在他的视线范围内。由于就视线内的实物提要求比就活动提要求更容易，因此，我们将着重教蒂米用口语就看得见的物品提要求（针对没有口语的孩子，我们有不同的策略，这个部分将会在下一章中说明）。

蒂米可以命名物品，包括球、书、床以及飞机。蒂米最喜欢的强化物有薯片、糖果、果汁、白水、恐龙巴尼的书和影片、荡秋千、在小的弹簧垫上跳，以及坐在大健身球上上下晃动。他的父母买了一张适合儿童使用的桌子，放在靠近电视的地方，并且聘请了一位有一定经验的治疗师进行一周三次的训练。蒂米对于坐在桌子前毫无兴趣，如果治疗师或父母要求他坐在桌子前面，他就会出现抗拒的行为。他会坐在地板上完成拼图，而且喜欢把玩具车排成一条直线以及配对，但他不喜欢大人尝试去干扰他正在玩的游戏。他的母亲和治疗师都认为他们可以开始教他提要求的技能了，这种想法对吗？

错！

这个例子中有一些问题需要在教提要求之前解决。首要的是，环境并未与孩子的强化作用匹配好，如此将无法让计划成功。我注意到，当专业人士以及家长尝试制订语言行为计划时，最常见的错误就是急于实施干预。如果你急着要求孩子，孩子对于将要发生的事物就不会有很好的反应。这是我看到的很普遍的现象，几乎每个家庭和学校的咨询中都会对此进行讨论。

教学环境中的强化作用绝不嫌多。

在开始向孩子布置第一个任务之前，你须确保他会跑向治疗师，开心地接近坐在地板上或桌子前的人。他应该伸手拿他喜爱的物品，然后在没有任何附加条件的情况下得到强化物。此时正是你开始进行提要求训练的时机。

开始时，我们要确认蒂米已经会说哪些字，分析找出几个最适合的，用于首批提要求的教学。蒂米可以命名球和书，而且在球上弹坐和巴尼的书是他的强化物，因此，我们可以最先教他提这两个要求。大部分早期学习者需要在一开始学习提 3~5 个要求。

因为蒂米已经可以说一些字了,所以他将学习提 5 个要求。

一个时段中不要只教他提一个要求,否则会产生过度泛化的行为。例如,如果孩子学会提要求,说出"电影",然后就可看到电影,最后他将学会不论什么时候他想看电影,就必须说出"电影"。但是,如果只教这个孩子提一种要求,他可能会过度泛化而使用"电影"这个词就其他物品提要求,比如,果汁或球。这就是为什么你一定要同时教孩子提 3~5 个要求。

另外一个错误则是在一开始的时候去教孩子使用"还要"和"请"。缺乏应用行为分析/语言行为经验的人常会在教学开始的早期使用这些字。孩子学习到当他们想要某些物品时,只要提要求说"还要"就可以得到,但他们并未学习到如何对该物品明确地提要求。"请"和"还要"这些词是抽象的概念,语言能力受损的孩子可能无法理解。你该教的是让孩子就视线**内**的物品提要求,这些物品最后会退到视线**外**,我们希望到那时孩子仍有能力就那个东西提要求,比如,放在冰箱里的冰淇淋。但如果蒂米学习用"还要"来提要求,那么当冰淇淋在视线外时,身旁的大人会不知道蒂米到底"还要"什么东西。

此外,不必要求一个语言发育迟缓的孩子用完整的句子来索要物品。如果孩子想要饼干,并说出"饼干",这就已经是适当的提要求了,他可以得到饼干。提要求技能的进步不在于孩子能说出的句子有多长,而在于孩子能用字或手语表达出的不同的需要和欲望有多少种。在孩子能够很流畅地就视线外的物品提要求之后,才能开始教字词的组合。你可以开始教他 2~3 个字的句子,以求更明确地指认物品,例如,红色的糖果、巧克力饼干或甜饼干。一次增加一个词,而且加入的词必须是有意义的,能帮助孩子进一步地表达其需求。

在明确了什么是不应该做的事之后,你就准备好开始教蒂米提要求了。

你已经选定了一些提要求的目标,包括书和球。因为你知道蒂米会说书和球,而且那些是他的强化物,所以教蒂米就书和球提要求应该很容易。在开始阶段,给孩子的任务要简单,这很重要。

除书和球之外,你还需要另找两种食物。根据经验,在起步阶段的提要求训练中加入两种食物和两种活动会是很好的做法。不要五种全都选择食物,因为要在一整天的作息中进行提要求训练,而孩子会想要参与不同的活动。如果一开始的提要求训练中只有食物，那么未来的提要求训练将只能在点心时间进行。

再去查看一下蒂米的强化物列表，考虑一下哪些食物和饮料是日常生活中较容易得到的。有的物品并不适合放在开始阶段的提要求训练中，例如，薯条、培根、冰淇淋，因为这些食品需要加热或冷冻，在一整天的作息中，它们难以随时提供。既然糖果和薯片在他的强化物列表中，而且很容易给予，因此我会选择这些食品。我把果汁作为第五个目标，因为蒂米对它的喜好程度大于白水。

选择提要求的目标时，可以想象自己在国外，完全不懂该国的语言。哪些词可以满足需求，是你想最先学的？你会想要学会说厕所、白水、比萨、食物、出租车或旅馆。孩子也一样，他需要学最能满足需求的字词。

所以我们有五个提要求的目标：球、书、薯片、糖果和果汁。这些是一开始我们要教蒂米用来索要物品的词汇。

需牢记在心的是，普通孩子在学习提要求时可能只需要几次练习，而发育迟缓的孩子可能需要上百次甚至上千次练习。你的工作是要确认孩子一整天中有许多练习的机会。事实上，你每天要给孩子提供数百次练习机会。这意味着你必须创造情境，让孩子有动因去再三地索要物品。

提要求本应是在一整天的作息中都会发生的，但专门抽出几个时间段用来教学很重要。进行提要求训练时，你可将选好的强化物（如薯片）分成小块。把十片薯片每片都再分成四小片，把一大块饼干分成十小块，然后就可以开始提要求课程了，孩子在这个过程中将有五十次机会就他喜爱的两个物品提要求。一次训练课程可以短至两分钟，长至半小时。这段时间内你必须完全集中注意力教孩子提要求，这个过程也可以让你和孩子建立起更多的正向匹配。

准备好这五个强化物后，你要确定在何处开展课程，可以在地板或桌子上，孩子喜欢哪里就在哪里。把薯片和糖果放在透明的袋子里，让孩子可以清楚地看到。在桌子上放一个小杯子和盛果汁的容器，这样你就可以给蒂米倒少量果汁喝。

如果你选好了有力的强化物，教学区域也与强化作用匹配好了，那么当孩子看到放在你面前的这五个物品时，他应该会接近你。他可能会指出哪一个是他首先想要的。他可能开始到球上弹坐或去抓一袋薯片。既然你无法让孩子说话，你可能就需要使用后门（backdoor）方法来教蒂米提要求。因为蒂米看到最有力的强化物就在眼前，所以他可能会自发地参与提要求课程，开始坐到球上弹跳。你可以抓着他的手，让他弹得更高，因为你知道他喜欢这样。显然，孩子喜欢这样的玩法（他鼓励你继续帮他弹坐，而不是将你推开），之后你要很清楚地说三次"球"，两次之间要有 1~2 秒的间隔。

别担心他会因为正在球上弹坐而混淆"弹"和"球"这两个字。蒂米会说"球"这个字就是你教学的起点。在孩子开心地玩了约一分钟之后，用你的手牵着孩子的手，放慢他的动作直到他能停下来。现在，强化停止了，你必须很快地再次进行匹配，说出"球"这个字（三次），然后再开始带他在球上弹坐。

如果蒂米在课程中的任何时候仿说或自发性地说了"球"这个字，你就需要立刻更加热情地带着他弹坐，并说"说得好，球""球、球，蒂米说了'球'"，或其他类似的句子，同时要给予大量的赞美和强化物。

在开始阶段，保持指令的简单化、不使用句子是很重要的，像"如果你要玩球，你要说'**球**'……说'**球**'"。这是一个很高的要求，虽然对你而言不是，但对蒂米来说几乎是不可理解的。如果你用了那些句子，那其实相当于在清楚地告诉他，强化停止，你该学习了。当教师给予强化物与说出物品名称 2~3 次形成正向匹配时，这个教蒂米提要求的课程就与逐步匹配的课程很相似了。

蒂米可能根本没说出"球"，那也没关系。继续和蒂米一起玩，直到他失去兴趣或转向其他的提要求目标。有些孩子对某个强化物有最强的喜好（如果用 1~10 来表示喜爱程度的话，这样的东西能达到 10）。当你对这类孩子进行其他目标教学时，可能有必要先把最有力的强化物收起来。在蒂米这个案例中，你需要把提要求的课程放在他饿的时候进行，这样他才会很有动因去索要你为他准备的食物。

如果教学中的几样强化物里有一样明显是孩子最喜爱的，那么你可采用混合强化物的策略。趁蒂米仍然坐在球上时，给他一片薯片，并且命名薯片三次，然后把球移到桌子附近，这样蒂米不必从球上下来，就可接触到桌子上其他学习所需的物品。在这个例子中，球可以充当他学习时用的椅子。万万不可把孩子从球上拉下来再拉到桌子前，那会使你之前建立起来的匹配失效。如果他实在太喜欢球了，而不针对其他目标提要求，那么此时用别的物品进行教学是不会成功的。如前所述，提要求必须与动因有关。

继续将同样的程序用于其他的提要求目标。当教蒂米就巴尼的书提要求时，你应只针对"书"做训练。等蒂米学会了提几个要求后，你就可以进一步教他由两个词组成的重要短语，例如，"拍球"或"推球"，或"（恐龙）巴尼书"和"小玻书"[①]。

一旦蒂米可以自发性地就其中一种目标物提要求，你就可以再加入一种新的提要求目标。选择新的目标时，要确保可以继续在食物、物品和活动之间混合进行，并为提的每一个要求选择一个词作为目标反应。

但是，如果不成功呢？如果你已经用孩子喜爱的强化物练习了上百次，但是孩子仍然没办法提要求呢？这种情况的确会发生，不过也有应对的策略。你需要将词汇与手语匹配起来，这个部分在下一个章节有详细的描述。不要担心孩子会因此不说话。手语教学是一种策略，它较容易给予辅助，有的时候，它是孩子在词汇与索要之间建立联系的唯一途径。

可喜的是，对于大多数像蒂米这样的孩子，通过细心地匹配，以及进行密集地提要求训练，他们能够靠说出一些词汇来提要求获得物品。当孩子能够就视线内的几十种物品提要求时，你就可以开始训练他要求获得视线以外的物品了。最好的方法是去找一些视线以外的活动，例如，"推"秋千或"搔痒"，"打开"或"搬"也很好。将实物撤离到视线以外，必须是逐步进行的，例如，先给蒂米薯片，并使他开口索要几次。一旦蒂米完成几次索要，但还想再要，你就可以将袋子移动至桌子下方，或把薯片藏在桌子上某个物品的后方。如果把强化物移至视线以外，孩子就不再提要求，那么你可以迅速地在孩子面前晃动一下强化物，或用口语辅助他，然后递给他薯片。

如何判断蒂米有没有进步？收集数据很重要，借此你就能知道他学会了多少。这样做对孩子和你都很有好处。有时你会感觉好像没有多大成效，但你能从数据中真正知道蒂米学了多少。

数据的收集在语言行为教学中是非常重要的部分，当课程内容越来越复杂时，你会庆幸记录了数据。你可以使用与追踪问题行为相同的计数器来追踪进步的成效。可以去文具店或在网上（www.difflearn.com）买几个计数器。在一天之内的不同项目课程中使用不同的计数器。在提要求课程中，每位训练师都应该用计数器收集孩子出现提要求行为的数据。将每次提要求训练中孩子出现的提要求次数记录在本次课时长度的旁边，然后把计数器的数字归零，以备下次上课时使用。

---

① 编注：英国系列儿童图画书的主角小玻（Spot）是一只天真活泼的小狗。国内已引进小玻系列书，译名为"小玻系列翻翻书"（接力出版社，2012年）。

你还可以在提要求课程中同时使用两个计数器以统计孩子提要求的次数，一个用来计算辅助后的提要求次数（你说"薯片"，孩子仿说"薯片"），另一个用来计算孩子独立完成提要求的次数（孩子不需要口语辅助就能说出"薯片"）。开始阶段，经辅助的提要求次数应该至少是孩子独立提要求次数的两倍。

代替计数器的一个方法是制作一张简单的表格，针对下面列出的这五个提要求目标，孩子每说出一次那个字，你就做一个记号（参看表 5.1）。这会帮助你看出孩子对哪些物品提要求的频率高，对哪些物品提要求的频率低。

表 5.1 提要求记录表

日期：6月6日　　　时间：15分钟

	辅助	独立/物品在视线内
球	正 丅	下
书	丅	正 丅
薯片	正 下	一
糖果	丅	正 丅
果汁	正 一	一

不管使用哪一种方法，都可以得知课程效果如何，以及它是怎么进展的。这些记录还会激励有进取心的教师更努力地帮助孩子提高每天、每周的提要求次数。在继续开展更高阶的提要求课程之前，必须确定孩子的语言基础已经足够稳固了。或许需要几年的时间，孩子才有能力学习如何对诸如"关注"或"信息"之类的事物提要求，但在那之前，他就有能力与你沟通了。沉下心来努力去做吧，这是一个你和孩子需要终身学习的过程。

如果孩子已经准备好了，你就开始在下一个阶段教他更复杂的概念。牢记，只有根据孩子的步伐前进，强化效果才能维持。当孩子可以就视线内或视线外的物品、动作以及活动提要求时，你就可以教他进一步提要求了，包括要求获得关注。这包含一些词组，例如，"嗨，看这个""看我做的""看！这里有牛！"这是较复杂的，因为我们已经知道，提要求的字词或句子要和孩子的动因有关。蒂米想要得到你的关注才会提出要求，否则就不是他的真实要求。我们很容易创造想要食物的动因，但使孩子想要让你看一头牛，那就困难多了。

　　此外，孩子最后要学的是就信息提要求。就信息提要求的例子包括"我的鞋在哪里？""袋子里有什么？"或"你怎么做的？"教就信息提要求同样是困难的，需要时常提醒自己慢慢来。你可以用强化物来促使孩子想知道某些信息。例如，可以在袋子里面放一些孩子喜欢的物品，并在他面前摇晃。当孩子试图看里面有什么东西时（这就是动因），你就要辅助他说"什么？"或"袋子里有什么？"然后给他想要知道的信息，也就是给他袋子，让他拿出袋子里的强化物。

　　www.establishingoperationsinc.com 网站是由霍利·基布和谢林什·特威格斯创建的，其中有许多关于教复杂的提要求的信息，是个非常棒的网站。

　　一旦孩子能够通过提要求来获取他想要的，你就会看到他的行为有所改善。如果没有，你就需要回头看看计划的目标是否真的包含了他的需求，还要再次确认环境是否足够丰富。要相信孩子做得到。

　　接下来，我们要开始进行其他的语言操作了，它将增强孩子的沟通技能。到目前为止，你可能感受不多，但我想，当孩子可以用至少一个字跟你沟通时，你一定是开心的。他说出来的话在你的耳朵里就像音乐。孩子正跟你说话呢！让我们继续保持这个动力吧。

第六章　改善无口语或口语受限儿童的语言能力

很多时候，即使每个环节都做对了，孩子仍然没有语言出现。

在上一章里，我讲解了如何教孩子通过说出词汇来提要求。

现在回到上一章中蒂米的例子。想象一下，尽管已经听到蒂米说出一些词汇了，尽管他已经看到物品并且你已经提供了三次声音示范，如此重复了几百次之后，他仍未对你的示范做出反应，不用口语提要求。

有些孩子不管你如何认真教他，或无论强化物的强度有多大，他还是学不会提要求。如果你的孩子也是这样，那你很快就会意识到应该改变计划，不能持续给一个不学习的孩子强化物。强化的规则是，被强化的行为将会增加，因此，如果奖励了蒂米不说话也不用其他方式沟通的行为，那么他的沉默将会被强化。

我知道这很让人困扰，但即使不用口语，仍有系统的方法可以帮助你教孩子沟通。如果孩子从未说过话，或你曾经尝试让孩子使用口语提要求但他未能做到，那么就需要开始使用非口语的教学计划。

我们无法强迫一个人说话，因此，辅助要说的字是没有效果的。如果你对孩子说"说'猫'"，而他没有回应，你没有任何办法强迫空气通过他的声带使他说出这个字。但是，你可以协助他打出"猫"这个字的手语或指向"猫"的图片。有许多有效的策略可以增加无口语孩子说话的机会。这些策略能够帮助孩子更清楚地沟通，这样，不论他们的口语水平如何，都将会有所进步。

自2003年成为认证行为分析师起，我就对能帮助无口语儿童获得口语能力的策略很感兴趣。我常常和年纪大一点的孩子一起工作，按照父母和专业人士的说法，他们都是不说话的孩子。而在我接触他们几分钟后，这些孩子几乎要说出一个字了。

当我在教室里和这些孩子一起工作时，在一旁观察的专业人士往往会惊讶于这些孩子的进步，甚至认为我好像施了魔法一般，但我所做的只是运用从马克·松德博格博士和文森特·卡蓬博士等专家那里学来的一些教学程序。你也可以在家里应用这些教学程序。

在我的职业生涯中，我将这些技术使用在有不同程度的孤独症及其他障碍的人身上，包括唐氏综合征人士。

卡蓬博士的影片示范让人惊讶，事实上，它好到让人不相信那是真的。但是别怀疑，无口语孩子是可以开口讲话的。我曾经教过一个14岁的学生，在转换到语言行为教学几个月后，他发展出了有功能的语言。

单纯的语言治疗是有帮助的，尤其是在行为学原理指导下应用时，但普通的单纯语言治疗通常无法帮助完全无口语的孩子。语言病理学家若阿纳·盖伦泽（Joanne Gerenser）、南希·考夫曼（Nancy Kaufman）和塔玛拉·卡斯珀（Tamara Kasper）等人将 ABA 的方法融入他们的治疗技术中，取得了很好的疗效。

有一些已获得研究支持的技术可以提高孩子发出声音或改善口语的可能性。手语绝对是我教无口语儿童提要求时的首选。

手语与其他扩大和替代沟通系统的比较

扩大和替代沟通系统是指各种用来增强或支持语言的系统。掌握了斯金纳语言行为分析的 ABA 专业人士会经常建议使用手语。

转而接受 VB 疗法的孩子中，只有很少的人曾经用过有效的扩大和替代沟通系统。事实上，即使他们会使用一些手语，往往也会非常依赖辅助，或者只能使用最简单的手语，如"请"和"还要"。当我观察到这些无口语的孩子所使用的扩大和替代沟通系统显然无效时，我知道需要从头来过。

最常用的三种扩大和替代沟通系统的类型是：手语、语音输出系统（Voice Output System）以及图片交换沟通系统（Picture Exchange Communication System, PECS）。

我会优先选择手语，因为它随时可用，可以广泛地使用在语言行为的疗程中，适用于所有不同的语言操作项目。研究显示，说话的时候同时使用手语有助于改善发声。

如果一个孩子可以使用手语，那么当他在游泳池里或跳蹦床时，你就可以趁机教他，这两项活动是非常强的强化物。在有趣的活动中，孩子的双手总是可以使用的，他因此有好几百个机会去提要求。

手语可以让孩子在视觉上感知词汇之间的差别。"球"和"饼干"发音不同,手语表达形式也不一样。这和说话有些类似,表达每个词汇时动作都有一些不同。因此,一旦孩子学会用手语表达"饼干",接下来,你就很容易教会他们在看到饼干的图卡时用手语打出来,直至最后回答"告诉我哪些是可以吃的东西"这样的问题时,他都可以使用相同的手语回应。这样就能够让孩子最终将手语应用于不同的语言操作项目中。

当然,使用手语也存在一些缺点。一个就是大人必须先学习如何使用手语,而且为了有效率地使用它,还需要所有和孩子接触的大人都了解 ABA 的基本原理,例如,匹配、强化、辅助、塑造与辅助渐褪。其他常被提到的缺点是:手语在社交环境中的使用不普遍,因此,在麦当劳用手语打"汉堡"时其他人是看不懂的。随着孩子年龄的增长,这确实是很大的问题。但是,对于在学龄前或小学期间有明显语言缺陷的孩子来说,与他们长大后进入社会相比,在校期间有更多使用手语的机会。大人学手语的话,全体家庭成员都必须学。最好的学习方法是使用自制的图片/手语词典,里面包括图片和对应的手语说明,或者请手语人员对孩子已掌握的手语作示范并录像学习。

语音输出系统

语音输出系统是一种机器设备,孩子有选择地按键,设备便会发出声音。在比较简单的系统中,孩子只需要从一些喜欢的物品中去区辨,也有相当复杂的系统,但孩子必须具有较高级的接受性语言能力,并且可以组织成句子。

使用这种系统教孩子,大人必须具有相当的技术,能够下载图片来更新系统,确保这个设备能有效地运作。大人还需能够帮助孩子解决一些问题,包括维修故障和准备一个应急系统。使用这样的设备相当麻烦,因为需要具备相当高水平的接受性语言能力。该系统可能需要花费 5000 美元,是所有替代语言选择中最贵的一项。

图片交换沟通系统

图片交换沟通系统通常简称 PECS,它是一套系统化的方法,用来教孩子使用图片就物品提要求。我的孩子到 ABA 学校就读后，我就开始在 PECS 的创立人邦迪博士和弗罗斯特的指导下学习如何使用 PECS。这所学校经常使用 PECS，甚至对有口语的孩子也是一样。

语音输出系统和 PECS 共同的优点是，语音输出系统发出的声音和 PECS 的图卡对大人和其他孩子来说都很容易理解。

尽管与语音输出系统相比，PECS 比较便宜，但它还是有一些缺点。在通过 PECS 的起步阶段训练后，孩子必须学习拿起一些相当抽象的图卡来和大人交换物品，比如，孩子想要得到玉米片的话，就必须从大量的图卡中找到玉米片的图卡。孩子最终也需要从一大本图册中选择一张图片，而这本图卡夹册不便随身携带，并且会耗费许多时间去使用或维护。当卢卡斯使用 PECS 时，我得经常说"我需要一张新的比萨饼的图片"，或者会听到工作人员说："我找不到卢卡斯的比萨图片了，我们得找时间做一张新的。"

此外，PECS 的图册必须跟着孩子到他去的任何地方。当孩子在游泳池里或在蹦床上跳的时候，PECS 图册对于练习提要求没有用处。

虽然我推荐使用手语，但如果你的孩子正在成功地使用语音输出系统或其他扩大和替代沟通系统，则不必立刻中断。这里的重点是要去评估目前使用的系统是否运作良好。你可以通过回答以下问题来评估：在一整天中，孩子是否可以独立地使用这个系统来表达他的需求？（不只是在点心时间或是当这个设备/图册正好摆在孩子可以拿到的地方时。）孩子会因为这个设备太笨重、出现故障或无法流畅地使用而生气，或者产生其他的行为问题吗？孩子在各种环境中都有这个系统可用吗？在家或学校都可以一致性地使用它吗？

如果通过回答这些问题发现孩子只在某些时候使用这个设备，那你就该考虑在进行某些活动时让他使用手语。例如，如果孩子只在点心时间使用他的语音输出系统或 PECS，但不能把那设备带到游泳池里或蹦床上使用，那么你就可以在进行这些活动时让孩子使用手语。

几年前，我和一个 8 岁孩子一起工作，当时他使用语音输出系统，也可以很流畅地使用 PECS，并且把 PECS 当作语音输出故障时的备用系统，（在我看来，语音输出故障好像常常发生！）我们也教他使用手语。不必限制孩子使用一种设备，因为我们的目的是让他学习如何沟通，而非学习使用一个系统。

熟悉如何教手语

我建议教那些还没有口语的孩子使用手语以补充他们现有的扩大和替代沟通系统。如果孩子目前没有使用任何一种合适的扩大和替代沟通系统，手语可以成为他们有效学习和使用的选择。

第一步是教会自己一些手语。不要惊慌，这不需要报名学习手语课程。你只需要学会用手语打出孩子最喜欢的 5~10 个强化物，并为了保证能领先于你的孩子，你要再多学几个手语。

一旦你学会了一些手语，你就可以开始教孩子了。当孩子可以用手语流畅地提 2 个要求时，你就再选 2~3 个他最喜欢的物品，教他用手语来提要求。诚实地说，学习手语并不难，教孩子如何使用手语才是比较困难的事。在这里，我只能强调熟能生巧，或至少可以提高技能。事实上，教手语时，我认为不需要将它做到完美。它是一支灵巧的带有 ABA 科学韵味的手部舞蹈，基于 ABA 科学，引导孩子向使用口语迈进。

大人之间的角色扮演是教这支复杂舞蹈的最好方法，对所有孩子都是如此，这个方法对于手语教学特别有效。一个大人假扮成孩子，第三个大人从旁观察并给予建议。你需要学习判断怎样舞动才被视为正确反应。手语教学没有具体公式，就像在跳舞一样，必须随机应变。

与孩子一起练习时，你需要在坚持让孩子给出完美反应与你接受他的错误之间找到一个平衡点。如果孩子感到挫败，那意味着你太苛刻了。然而，如果当一个没有口语的孩子伸手想拿饼干时说出"b"，那就要立刻强化他。

如果使用手语，就需要和这个孩子接触的人都学会用同样的手语来表达相同的词汇，这些人需要常常在一起开会，或者查看和孩子一起工作时的录像，来确认每个人都使用一样的手语。这可以避免孩子混淆。

教最初的 5 个手语

教手语之前，你要买一本好的手语字典。我喜欢《手势英语》(Signing Exact English, Gustason and Zawolkow, 1993)这本书，你也可以使用本书的附录中常用的手语图片[①]，

[①] 编注：在中国内地，手语词汇的权威读本是《国家通用手语词典》(华夏出版社，2019 年)，包含八千多个常用词汇在国内通用的手语打法。本书附录 3 中的手语图片引自《国家通用手语词典》。

还可以在网上搜寻手语的范例照片或说明。我推荐一个网站：www.lifeprint.com[①]。

其他有价值的资源，如"K 和 K 手势"（the K and K Sign）和"口语工具套件"（Say Verbal Language Kit），是由南希·卡夫曼和塔玛拉·卡斯珀两位语言病理学家开发的。这些彩色的小卡片描绘出了孤独症或相关障碍儿童最常见的 150 个强化物。每张卡片背面的说明都描述了如何打手语。卡片背面还有字词的分解，可以帮助语言病理学家以外的治疗者让孩子仿说，从一个最简单的雏形起步，逐渐形成这个词的发音。

一个分解的例子是"DVD"这个词。（它是几乎所有孤独症儿童都喜欢的强化物！）在孩子可以清晰地发出"DVD"的音之前，按照卡夫曼和卡斯珀的说法，这个孩子应该可以先说出"de-de"，之后是"de-be"，再是"de-de-de"，接着是"de-be-de"，最后是"DVD"。你可以在 www.northernspeechservices.com 网站[②]上看到这些图卡的说明及购买的信息。

教手语的下一步是选择你打算最先教给孩子的 5 个手语，它们是孩子用来提要求的强化物的手语。有一些手语，像"苹果"和"糖果"，被认为是押韵的，而这两个在手部的动作上相当类似（参看附录 3 中的手语样例）[③]，你应该选择 5 个互不相似的手语展开练习，这样会让你和孩子更容易打出这些手语。如果孩子的强化物列表上确实有"苹果"和"糖果"，那么你就应另找一个较为特定的手语，如用"棒棒糖"代替"糖果"。

此外，你应确保这个手语不太难辅助，这样孩子才可能最终在没有辅助的情况下打出来。有些手语牵涉到非常复杂的精细动作技能，需要相当的灵敏度，普通儿童或成人要做到可能都有困难。对于这些手语，你就把它简化吧。例如，"电影"的手语相当复杂，你可以让孩子简单地将他的双手放在一起摩擦，就像他用双手剧烈地搓橡皮泥一样。只要让所有与孩子一起练习的人都用一样的简化手语即可。

现在你已经准备开始教学了。开始阶段，要将手语和你的语言及物品做好匹配。当你将饼干靠近孩子，在给孩子的过程中同时要用嘴巴说及打手语"饼干"3 次，此

---

① 编注：这是一个专门提供美国手语教学的网站。大陆地区的手语系统与美国并不相同，分为以书面为基础的文法手语和以聋人间沟通自然形成的自然手语两大系统。
② 原注：这是一个提供各种语言教学工作坊（包括在线会议）信息的网站。
③ 编注：因美式手语与中国的通用手语有所不同，在中国的通用手语中类似的打法如"苹果"和"马铃薯"，第二个动作都是双手搭成圆形。

时，你就是在物品、词汇及手语间进行匹配了，就跟你在教用口语提要求时做的一样。一次同时练习5个词，不要一次只练1个。匹配的时间视孩子的学习状况而定，可能需要几分钟，也可能需要几个星期。在此提醒，从头到尾都应避免让孩子感觉到自己在完成学习任务，你应让他保持较高的动因，降低任务难度，直到他可以独立地使用手语。在任何要求开始时，慢一点，简单一点。

此外，你可以用肢体引导或辅助孩子打出手语。如果饼干是孩子的强化物，他伸手去拿饼干，妈妈要在给孩子示范打"饼干"的手语的同时说"饼干"。之后，妈妈要轻轻地领着孩子的手打出"饼干"的手语，同时再次说出"饼干"（辅助），接着，给孩子一小块饼干时最后再说一次"饼干"。全部提要求的练习都以这样的流程不断重复。

正向行为就在这个过程中出现了。我见过很多孩子在看到他们喜欢的物品时，很快就学会了独立使用手语。也有很多孩子为了快点得到强化物会开始看大人的示范，并跟着模仿手语，而不需要肢体辅助，甚至有的孩子在学习的起步阶段就会边打手语边说出近似的口语词汇。

如果孩子不模仿或僵住手臂，只等你的辅助，那么你就应该采取行动了。为了让孩子更独立，你应渐褪辅助，并对你们比较接近的动作反应给予肯定。

我记得好几年前迈克·米克洛斯协助我处理过一个棘手的个案。一个小女孩在学习手语之后，并不独立使用手语。她学的是"爆米花"的手语，动作是两只手的食指指向天花板，同时两条手臂上下移动①。迈克指出，这个小女孩很喜欢我拉她的手指做动作，她自己却并不急于用手语表示"爆米花"，因为她不只得到了爆米花，还在享受我辅助动作带来的强化。迈克建议我将她的手臂上下移动视为提要求，看到她这样做，即使动作很小，也要尽快给她爆米花。于是，几天之内，我们就将她的这个手语动作塑造得相当像"爆米花"的手语了。后来她不依赖辅助就可以打出这个手语，并且在几个月后开始说话，完全超出了我们的预期。

除了"僵住手臂等辅助"的问题，还有一种情况是，孩子将他所有会的手语都轮流打出来，就像棒球教练在向打击者打暗号一样。僵住手臂是过度辅助的结果，将会的手语全部展示出来（我们似乎更常见到）是因为渐褪辅助过快和强化了孩子的草率

---

① 编注：此为美国手语的打法，中国手语中，"爆米花"的打法与此不同（参看附录3）。

反应。

绝对不要强化孩子将掌握的手语全部展示出来的行为。如果看到几个手语混在一起，即使其中含有目标手语，你也要将孩子的手放在中性的位置1~2秒，这样他才不会错误地与其他手语联结在一起。随后，你应示范正确的手语并给予足够的辅助，让孩子做对，之后便可以给予强化。

在孩子学会了用几个稳定、独立的手语提要求后，你可以开始试验延后几秒再给予强化，等等看是否会出现一些相近的口语发音，但不要等得过久，因为孩子若不开口说话，你也没法控制。

让孩子说话的其他方法

在教提要求时，手语是我所知道的可以帮助无口语或口语受限的孩子的最好方法，但要帮助孩子说话还有其他的事情可做。

首先，你要丰富孩子的环境，不断地用词汇来轰炸孩子。我每到一个家庭或学校里，在第一次观察时，总会听到很多语言，但大部分语言对于无口语的孩子来说太复杂了，以致他们无法理解。大人说话太快，孩子会误解或混淆。可以想象，如果你置身于国外，而有人跟你说话时语速快且句子很长，你又不懂他的语言，那么听懂是不可能的。

当你和约翰尼一起上楼时，与其说"约翰尼正在往上走"，倒不如用洪亮且有趣的声音说"上去、上去、上去"。试着用"搔痒、搔痒、搔痒"代替"我要来搔约翰尼的肚子了"。可能的话，尽可能挑单音节且较为简单的词，因为它也是孩子的强化物。你不必学会所有这类词的手语，只要在孩子所处的环境中说出3次即可。我们的一个目标是让这个词和快乐、好玩的语气联系在一起，之后这将会变成强化物。

还有一种让说话更容易得到强化的方法是强化各种牙牙学语声或孩子发出的有些接近正确的声音。你可以在一个特定的时间长度内（15分钟是很合适的）用纸将听到的内容写下来，以掌握孩子所发出的声音及其频率。

你重复几次就可以得到基线资料。如果你在15分钟内听到"badada"，接着是"oh"，再是"mama"，你会发现，虽然孩子发出咿咿呀呀声音的次数很少，但他把辅音和元音一起发出的能力却相当强。另外，他发出的声音可以被塑造成字。"Ba"可以变成绵羊的声音，"mama"变成"妈妈"，"dada"变成"爸爸"，"moo"则是乳牛的声音。这可以引导你利用这些声音来选择强化物，然后，你可以刻意说"'Badaba'，瑞安，说得很好！你说了'badaba'，来，给你薯片，你说了'badaba'"，以强化孩子发出这些声音的行为。

你也可以在提要求训练的前后或训练当中试着鼓励孩子进行大动作的活动。对某些孩子来说，充满活力的游戏以及感官活动通常会增加说口语的机会。当他开始发出咿咿呀呀的声音时，就是你可以记录孩子说了什么的机会，看看孩子是否在大运动活动中有较多的声音出现。

在生理方面，你可以促进孩子的口部肌肉运动。我见过一些家长发誓说只用"说一说"① 开发的吹泡泡、吹喇叭和吸管课程就让他们5岁的孩子使用口语了。尽管并没有研究证实它的效果，但我们可以理解强化了口部的肌肉有利于增加口语，就像增强手臂的肌肉力量有利于提升大肢体活动的技能一样。这些治疗的工具也能帮助孩子将控制口部气流与发出口语两件事联结在一起。认证言语语言治疗师萨拉·罗森菲尔德—约翰逊（Sara Rosenfeld-Johnson, MS, CCC-SLP）发明了这些口部动作工具以及干预计划，她建议使用不同粗细的吸管和更难吹的喇叭来促进孩子产生更多的口语和更好的发音。

若阿纳·盖伦泽是一位全国知名的语言病理学家。在卢卡斯4岁的时候，她观察过卢卡斯一次，并要我把他的练习水杯丢掉。她看到卢卡斯在治疗室内拿着吸管到处跑，说练习水杯会阻碍他的发音。她告诉我这些练习水杯跟奶瓶一样不好，并且鼓励我让孩子使用吸管、水壶，或者用吸管杯喝水。这一切都是为了改善他肌肉的强度以及口部的控制能力。

改善发音的步骤

如果孩子开始将声音连在一起，用相近的声音发出单字的音，甚至也许可以发出

---

① 编注："说一说"（Talk Tools）是以帮助语言或发声障碍人士习得口语为目的的一系列教具和课程，其官网为 www.talktools.com。

一些词语的音，那么你就可以开始训练孩子提高单字发音的清晰度，以使陌生人也能理解他们说的话。

在我和卢卡斯一起工作期间，他的发音有好几次变得不那么清楚了。盖伦泽曾就单字"water"（水）给过我建议。那个时候，卢卡斯一开始的发音是"wah-yer"而不是"water"。如果多要求他一点，他会正确发出这个字的音，但是大多数和卢卡斯接触的人听到他说"wah-yer"时就给他水了。如果孩子可以正确地发出这个字的音，那么所有的成人都应只针对正确的发音给予强化。必须维持住标准，这样孩子的发音才会变得越来越容易让他人听懂。

当卢卡斯大一点的时候，他也出现了一些发音的问题，例如，他开始说"Mah-ye"而不是"Mommy"。我和他的 ABA 治疗师讨论了这个突然发生的发音退步，他告诉我学校的语言治疗师会帮他练习他的发音，因为这不是他的专业领域。因此，退步的原因是大人们又一次接受了他不清晰的发音。我的解决方法是强调单字，但这让情况更糟，因为卢卡斯的模仿能力很强，他开始模仿他听到的所有单字。因此，当我用重音读"Mooommm"时，他听到的是"Mama"（因为我特别强调了最后的辅音），他在几乎所有词尾都创造出了"a"的音，如"cup-a""spoon-a"，等等，我觉得好像家里有个意大利小男孩似的！盖伦泽建议我开始减少过度强调所有的字尾辅音，而这个问题也几乎立刻消失了。

对于比卢卡斯的口语还少的孩子来说，重要的是要列一份坚持练习的单词列表，里面的每个词汇都应是孩子正在使用的词汇，这样就能帮助他们正确塑造出这个词汇。我喜欢从闪卡开始，并且选择单音节和双音节中容易说出的词汇，像"猫""狗""床""泡泡""妈妈""苹果""糖"[1]，等等，如果我能从中找到一两个可以清晰发音的词，就会一整天都和孩子一起练习这些单字了。

孩子会发音的单字可以分成三类：清楚发音的单字，仍须练习但有发音潜力的单字，以及发音相当困难的单字。你应每天帮孩子多次练习第一类单字并提供大量的强化物，然后和语言治疗师合作来塑造第二类单字，而将第三类单字先放在一旁，因为你希望孩子去练习较为清楚的单字。如果孩子练习用很难发音的单字去命名物品，本

---

[1] 编注：此处词汇译自英文原文。在中文中，幼儿最早掌握的单音节或双音节的音有"ma""ba""na""hua""da"，等等。

质上是在练习错误的发音，那就不好了。

要让一个孩子说话，应该依靠团队合作。帮助孩子说话且发音良好是每个人的责任，坚持使用这些技术可以增加几乎所有孩子开口说话且说得清晰的机会，而且不管孩子年龄多大甚至已经成年，都别放弃他开口的希望，同时，坚持用语言行为方法教授手语的运用以帮助拓展孩子的语言表达方式。

第七章　无错误教学和转换程序

理论上，你已经学会了许多帮助孩子沟通的方法，实践上，我希望你也已经在强化物的使用和提要求教学上取得了成功。现在，我们来审视一下课程的进展，看看如何确保更加有效率地教孩子。

本章中，我们将更进一步地学习辅助和辅助渐褪、在不同的语言操作项目间的转换技术，以及错误纠正程序。语言行为课程的成功建立在清楚理解和使用这些概念的基础之上。

辅　　助

辅助指的是小小的轻推或暗示，它会增加孩子做出正确反应的可能性。好的应用行为分析/语言行为课程和二流课程之间的差异通常就在于能否提供正确且详细的辅助策略程序。

本书中很多地方都已谈到过辅助策略，你对这个术语可能也已经很熟悉了。然而，你还需要理解和掌握辅助的各种类型、辅助的渐褪和错误纠正程序。

教孤独症或其他任何发育迟缓儿童时非常重要的一点是，不仅要对应用行为分析和语言行为的概念有所理解，还必须有正确的实战操作。

卢卡斯3岁的时候，我们开始进行第一个ABA/洛瓦斯课程。在咨询时间减少到一个月一次之前，咨询师花了两天的时间和我们在一起，因为她所接受的训练来自受洛瓦斯直接督导的专业人士，所以可以在辅助和辅助渐褪上提供非常完整的指导。我和卢卡斯的治疗师在她的团队的观察下对卢卡斯进行教学。当我们辅助太快或太多，或者强化太慢时，她会给予我们指导。她建议我也充当卢卡斯的治疗师，一周至少为他提供三个小时的训练，这样我才可能熟练起来，像行为技术员一样精通此道（这是在我开始接受相关教育并成为认证行为分析师之前所做的）。正是她的这些指导，使我在此领域中得以进步。

辅助等级

辅助的基本元素包括各种不同的辅助类型和等级，它们标志着辅助的介入程度的高低。我们总希望提供的辅助既能帮助孩子成功，又介入得最少。

对肢体反应而言，介入程度最高的辅助是全肢体辅助，也就是说，你会引领孩子的手或身体向各个方向移动，让他做出正确的反应，比如，告诉孩子要摸鼻子，而他不明白这是什么意思，也没有模仿的能力时，教师会领着孩子的手并辅助他的手指碰鼻子，这就是"全肢体辅助"。

"部分肢体辅助"与之类似，但教师的协助仅限于碰触孩子的手肘或只是向前移动他的手至他的脸，然后孩子必须摸自己的鼻子以完成任务。

"手势辅助"包括用手点指一个物品，因为没有接触到孩子，所以介入程度较低。手势辅助可以在密集训练课程和日常活动中同时使用，例如，当凯蒂没有遵守指令穿上外套时。如果凯蒂对你的指令没有回应，你就需要辅助她，重复你的指令并用手点指她的外套。如果凯蒂听懂指令的能力很弱，且穿上外套是新的技能，那么你一开始可能不得不先使用肢体辅助，以后再尽早降低至低等级的少量手势辅助。

"示范或模仿辅助"的介入程度更低。如果告诉孩子摸鼻子，老师有可能会先试着摸自己的鼻子来让孩子知道正确的反应是什么，如果孩子可以模仿动作，那么这将是我们比较喜欢的辅助，此辅助也可以降低为"部分示范辅助"。老师只需要在孩子听到指令做出动作之前，把手指往前移动，接近自己的鼻子即可。

语言行为课程中使用的辅助还包含视觉和文字辅助，从技术角度说，这些辅助比示范/模仿类型的辅助介入程度更低，对某些技能训练项目，如接受和配对来说，示范往往是你所使用的最低等级的辅助。使用视觉和文字辅助最主要的优点在于成人不必总是在现场给予辅助。视觉程序表是教孩子自理的一种视觉辅助。这种程序表通常可以提高孩子在休息时间内以及照顾自己的独立技能。

大人还可以在一旁为孩子提供视觉辅助。如果孩子会用手语沟通，老师在给出指令的同时打出手语示意，这就是视觉辅助。如果要告诉会打手语的孩子去"拿球"，你应该在给出"拿球"指令的同时用手语表示"球"。

文字辅助对于能力较高的学习者或普通孩子很有效，比如，给孩子发出口语指令"拿球"的同时在孩子面前呈现文字"球"。

口语辅助是介入最少的辅助类型，在每天的生活中都会频繁使用，虽然在我看来有时用得过多了。它在有严重语言发育迟缓的儿童身上往往没有效果。口语辅助的形式之一是重复发指令给予提醒。但是，这往往会变成一种唠叨。如果孩子对指令的理解缺乏语言和认知能力，那么唠叨多少都无济于事。不幸的是，有些教师认为提高音量和索要时使用更多的描述性语言会帮助学生理解，例如，吉米被告知"去拿你的鞋"，当他不听话时，不正确的口语辅助就会变成"吉米，我叫你去拿你的鞋，拿到楼上去……我们马上就要出发了！"你现在应该知道，少即是多，使用的字越少，孩子理解执行的过程就越容易。

大人在使用口语辅助时，有时可能会强调句子中的某个字，例如，"摸鼻子"，若孩子无法理解指令，那么即使你大声强调"鼻子"，也不能帮助他立刻理解。帮助这样的孩子学习技能，往往需给予介入程度较高的辅助。务必牢记，你所选择的辅助要能够在一开始就有最好的结果，不要先大声喊出"摸鼻子"，好几次之后等不到反应，才进一步使用肢体辅助或模仿辅助。最好是从介入程度高的辅助开始，以后再力争早日渐褪辅助。

我很早就懂得了指令要简单明了。你应只提供一个前提刺激，比如，你命令孩子"摸你的鼻子"，这就已经是前提刺激了，你只需等待行为的发生，并准备提供结果。有了前提刺激，你就该以尽可能少的辅助帮孩子做出正确反应，不应再给出指令增加其他任务或语言。我常常看到大人不断地重复发出指令却没有提供辅助。

在卢卡斯开始接受应用行为分析治疗后不久，我先生要他去拿遥控器。卢卡斯那时并不知道什么是遥控器，因此无法完成任务，也无法沿着我先生点指的方向遵从指令，但我先生仍继续给予同样的口语辅助，不断地提供同样的部分手势辅助。

因为前提刺激过多，且辅助介入得不够，所以卢卡斯无法完成任务，反而跑去做他自己想做的事情。不仅任务未完成，而且因为卢卡斯跑去做自己喜欢的事，他的不听话行为实际上得到了强化。

发指令时，你最好只给出一个前提刺激，并只期待一个行为，只提供一个结果。给予太多信息或不断地扩大所给的信息量，将会强化孩子懒散的反应，并可能教会他不听或不配合也无所谓。

一开始，你应先选择最简单、只需最少介入的辅助孩子就能完成的任务，这样孩子可立即得到奖赏。要求孩子将球投入篮筐内，这对于孩子来说根本就不像一个任务，可是，当你奖励他的听话时，他就学到了遵从指令可以获得他想要的东西。此外，辅助要尽可能自然而温和。如果孩子没有将球投入篮筐内，那你就走过去，向他重复一次指令，领着他的手，帮助他完成投球的动作，并给予强化。

这样做的结果是，孩子将了解到，听话可以得到奖赏。

孩子若能经常在有辅助的情况下做出反应，你就需要准备渐褪辅助，以帮助孩子取得进步。如果不这样做，孩子将会过度依赖辅助，而无法成为一位独立的学习者。

无错误教学和语言操作项目间的转换回合

教孩子新技能是令人兴奋的，特别是当你看到辛苦的教学结下硕果的时刻。最近几年，我深感教一个新技能或者教一个新学生时，使用零秒辅助真的非常重要。这意味着只要你认为孩子有可能答错或做不到被要求的任务，即使这个可能性再小，都要立即给予辅助。当你发现孩子开始理解任务时，就应该开始渐褪辅助。在几个有辅助的回合之后，马上进行一个转换回合，以此来实现辅助的渐褪。

4年前，当我学习转换回合时，不禁惊叹"啊哈！原来如此！"我当时参加了由霍利·基布和谢林什·特威格斯指导的语言行为实战操作培训班，当学到转换回合时，卢卡斯已经6岁了，在家庭中进行应用行为分析课程已有3年的时间。参加培训班之前，我曾认为卢卡斯有失语症，这在中风病人身上很常见，他们在特定情境下会突然找不到合适的词汇，我在当护士时看见过这种情况。在我看来，卢卡斯有类似的状况。当卢卡斯想要柜子中的脆饼时，他会对我打手势要我打开柜子的门，即使当柜子的门已经打开，可以清楚地看见脆饼、饼干和苏打饼时，卢卡斯也不会说出"脆饼"来表达他的需求。所以我通常会说"脆饼"，接着，卢卡斯会仿说"脆饼"，然后，我就将脆饼给他，这就是他当时的情况。

在学习了转换程序后，我才明白卢卡斯其实没有失语症。**我**才是问题所在！我总是让卢卡斯的反应停留在辅助阶段，而没有执行转换回合。在我从培训班回到家后，我连忙尝试新的计划。以前，在卢卡斯仿说我的口语辅助之后，我会立即给他脆饼，现在，取而代之的是，我会迟疑一下，耸耸肩，或（必要时）说："你要什么？"他在得到脆饼之前，必须再说一次"脆饼"。

让卢卡斯独立说出"脆饼"或者使用较少的辅助成为新的目标。我很努力地学习转换回合的相关知识，并在 2005 年的《语言行为分析》期刊①上发表了一篇以卢卡斯为研究对象的对照研究论文。

我把这个技术的应用分为两种情况：一种是在同一个语言行为操作项目**内**的转换回合，另一种是在不同的语言行为操作项目**间**的转换回合。操作项目内的转换回合是刺激控制的转换，从一般的辅助回合到较低等级的辅助回合，再到完全没有辅助，包括上述的卢卡斯和脆饼的辅助渐褪方案。

这里还有两个转换回合的例子，都是在一个技能领域或一个操作内的。我想要苏茜学习接受性技能，例如，能够对"拍手"的指令做出适当的反应。虽然此刻苏茜并未具备任何接受性技能，无法针对指令做出反应，但我会立即给予全肢体辅助，领着苏茜的左右手相互靠近并做出拍手的动作。如果我立即给予 M&M 巧克力豆（一个非常强的强化物）强化，那么结果只会将拍手的技能停留在最高的辅助等级上，而没有提供任何转换回合。其实，我更倾向于在给予强化前，先将辅助降低或完全渐褪。因此，原本在辅助苏茜拍手后就会给予一个 M&M 巧克力豆，现在我会给予她口头赞美（一个强化程度较低的强化物），然后重新呈现指令："好棒！……拍手！"看她是否会再次做出拍手的动作。我会持续给予赞美，直到苏茜能对较少的辅助做出反应，然后会给她 M&M 巧克力豆这个较强的强化物。

下面是一个转换回合的例子。

教师："拍手。"并立即领着苏茜的手做出拍手的动作。
苏茜：在教师全肢体辅助下做出拍手的动作。

---

① 编注：Mary Lynch Barbera, Richard M. Kubina Jr., Using Transfer Procedures to Teach Tacts to a Child with Autism, *The Analysis of Verbal Behavior*, 2005, 21(1):155-161.

教师："对了……拍手……"并碰触苏茜的手肘和前臂。
　　苏茜：拍手。
　　教师：给予 M&M 巧克力豆，同时微笑，并说："拍手好棒！"

　　下面是一个将转换回合应用于命名的例子。山姆是口语能力中等的学生，他已经具备好几百个命名词汇，但还不会命名"挖土机"。

　　教师："这是什么？挖土机。"
　　山姆："挖土机。"
　　教师："对了！……这是什么？"
　　山姆："挖土机。"
　　教师：赞美山姆并给予其喜爱的 DVD 短片。

　　除了将刺激控制从一个高辅助的回合转换至一个较低的辅助，还可以跨越语言操作项目来应用转换回合的程序。

　　2001年，我对语言操作间的转换回合开始感兴趣，并开始收集研究资料。卢卡斯在六七岁时进入的应用行为分析学校离家约一小时的车程。在进入学校4个月后，我注意到他不能正确称呼学校老师的名字。那时，他的治疗师安珀会到家中来做干预，当她离开时，会对卢卡斯说："再见，卢卡斯。"卢卡斯会回应："再见，哈利。"（哈利是他在学校的老师。）安珀会纠正他说："不对，我不是哈利，要说'再见，安珀'。"接着，卢卡斯会说："再见，安珀。"然后她就离开了。很遗憾，这里并没有执行任何转换回合。当时，我正在修习行为分析认证课程，很快意识到这中间发生的问题，知道需要针对它做一点改变。以前，我们非常努力地教他打招呼的技能，命名他人的名字本是卢卡斯的强项之一。当卢卡斯在普通托儿所时，学过说出班上16名同学的名字。而在这所应用行为分析学校，卢卡斯显然还未知晓老师和同学的名字，可是现在他们在泛化课程中又增加了打招呼，于是，卢卡斯的反应出现错误——他被搞糊涂了。很显然，这是课程上的一个错误，所以我们很快纠正了这个错误。此后，每当看到类似的错误时，我会先看孩子是否已经具备基础技能，基础技能是否已掌握扎实？如何分解此技能才能帮助这个孩子成功学习？

在这个案例中，我回头去看他在托儿所时的成功经验。我记得我们是先教他命名其他孩子的名字，方法是展示其他小朋友的照片（每张照片上只有一个孩子），以反复练习的方式进行。

我询问卢卡斯在应用行为分析学校的老师，请他们准备10张班上老师或同学的照片，我带回家。在一个两周假期开始时，我将教学目标告诉卢卡斯的老师，当卢卡斯回到学校时，他能够学会使用这10个名字。于是，我每天都会将这一沓照片拿出来，一张一张地问他："这是谁？"全部问一遍。

依据冷试探[1]提供的信息，我从中挑选了3个教学目标，然后将这3张照片放在桌子上，并告诉卢卡斯："摸安珀。"他就会去摸安珀的照片，而且他在摸照片时，通常会同时仿说"安珀"。这时，我会立即将此听者技能（listener skills）转换至命名技能，说："对了！……这是谁？"然后卢卡斯会说："安珀。"

我每天花5~10分钟的时间教卢卡斯认照片上人的名字。每次教学前，我会先针对全部的10张照片进行冷试探，了解他已经学会了哪些命名技能，然后选择3个新目标在此教学中教他。在短短的两周之内，卢卡斯学会了全部的10个名字，可以毫不犹豫地流畅命名。当卢卡斯在两周后回到学校时，他不只认识班上所有同学和老师的名字，还能够在打招呼时加入名字。

对我而言，这证明了一件事情，即这是卢卡斯最佳的学习方法，我也因此开始在卢卡斯和其他孩子身上进行一些结构性的探索，重点研究在不同的语言操作项目间进行刺激转换。我着重分析了这两周里我是如何帮助卢卡斯获得成功的。我从卢卡斯的接受性语言技能（他的接受性语言技能一直比表达性语言技能要强）开始，然后转换刺激控制（班上同学的名字），从接受性操作转换至命名操作。我在仔细审视这个转换程序时，还发现其中混合有从仿说至命名的转换。

在不同的语言操作项目间完成转换回合是我每天教学时对所有孩子都使用的很基础的程序，不论他们是否有口语（在此课程中，手语对于没有口语的儿童非常有效）。

以下是不同的语言操作项目间转换回合的例子。

---

[1] 原注：冷试探（cold probe），指在任何教学开始前的评估。

接受性转换至命名

教师:"摸挖土机。"

学生:摸挖土机的照片。(接受性)

教师:"这是什么?"

学生:"挖土机。"(命名)

仿说转换至命名

教师:"说'球'。"

学生:"球。"(仿说)

教师:将球的照片拿起来,并说:"这是什么?"

学生:"球。"(命名)

配对转换至接受性

教师:"找一样的猫。"同时将猫的照片交给学生。

学生:配对一样的猫。(配对)

教师:"摸猫。"

学生:摸猫。(接受性)

命名转换至交互式语言

教师:"这是什么数字?"同时举起数字9的卡片。

学生:"九。"(命名)

教师:"你几岁?"尽可能渐褪视觉辅助。

学生:"九岁。"(交互式语言)

针对以孩子的强项为起点改进他比较弱的领域,不同的语言操作项目间的转换回合是非常有效的方法。

错误纠正

即使孩子已经具备了一些好的技能,他也会有犯错的时候。因此,准备好立即给予辅助是非常重要的。但即便如此，孩子仍然会出现错误。你对待错误的方式有可能会帮助孩子进步，也有可能会阻碍他的进步。这听起来有点儿吓人，但是必须记得，一定要让孩子周围的每个人都知道如何正确地纠正错误。

不幸的是，这不切实际。可以想象，孩子出现的一些错误将会在不知不觉中被强化。我常看见中等程度的学生将一张游泳池的照片称为"游泳"，或者当被要求命名黑板时，他回答"老师"。这并不表示这些学生不知道答案或存在认知问题而导致无法学习正确的命名，而是因为这些错误有多次被强化的历史。

下面告诉你如何纠正错误。

让我们以 8 岁的安德鲁为例。他是一名孤独症儿童，有口语，可以提要求和命名许多强化物的照片。现在，你要开始教他命名一般物品的照片，命名的目标是一张床。这个命名需要一教再教，因为当安德鲁看见床的照片并被问"这是什么？"时，他都回答"毛毯"。

如果孩子用错误的答案回答，在这种情况下教他命名会比在他没有做出任何反应的情况下教他还要困难。孩子会混淆一些在词意上很接近的词汇，如以"被子"代替"床"或以"坐"代替"椅子"，这种混淆是父母和周围的人在孩子出错、试图从错误中引导出正确答案时不知不觉给予强化造成的，比如，呈现一张椅子的照片，孩子说"坐"，如果老师不熟悉正确的错误纠正程序，就有可能会这样反应："没错，你的确是坐在椅子上，对吧？这是一张椅子。"因为孩子从未说出"椅子"，所以，这里被强化的还是"坐"这个字。

要纠正此类错误，你就必须再次拿起床的照片或指着实际的床，重复一次指令："这是什么？"并在安德鲁有任何机会说出"毛毯"之前，立即说出"床"这个字来辅助他，安德鲁将会仿说"床"，接下来你可以进行转换回合，帮助他从仿说的操作项目转换至命名，你可以提问说："对了！这是什么？"这次提问时，你可以减少辅助，[例如，可以先说 b，这里虽然使用的是部分口语辅助，但仍需要非常小心，因为"bed"（床）和"blanket"（毛毯）这两个词的第一个音是相同的。] 或者你可以等待，看安德鲁是否可以在没有任何辅助的情况下说出"床"。

以下是对安德鲁执行错误纠正程序的例子。

教师：拿起一张床的照片，并说："这是什么？"

安德鲁："毛毯。"

教师：再次拿起床的照片并重复问题，且立即辅助答案："床。"

安德鲁：依据教师给予的口语辅助，仿说"床"。

教师："对，这是什么？"

安德鲁："床。"（没有任何辅助）

  错误也会发生在自然情境中，代词反转在孤独症或语言障碍儿童中是常见的问题。如果你说"把球滚给我"，他们有可能在将球滚向你的同时仿说"把球滚给我"。或者当你说"梳你的头发"时，他们在执行指令时跟着仿说"梳你的头发"。特别是当孩子有大量仿说时，这种情况更常出现。此问题的解决方法是，先排除人称代词，只简单地说"滚球"和"梳头发"。当孩子的学习技能有了进步时，你就可以辅助使用正确的代词了。教学时，你一定要站在孩子的立场上，所以当他说"给你一块饼干"时，你要辅助他说"给我一块饼干"，让他这样仿说之后，再来一个转换回合："对！现在你来向我要。"如果他成功地说出"给我一块饼干"，而且不需要立即的辅助，那你就该给予饼干作为强化。

  当孩子使用相反的代词时，你不要给予他强化，不然你将会看见错误增加，就像所有被强化的行为都会增加一样。

  掌握给予辅助、渐褪辅助和纠正错误的最好方式是掌握语言操作项目间的转换技巧，这些是教孩子时最重要的工具，而且可以在任何地方练习。虽然听起来很有挑战性，但是一定要记得，你自己也是会受强化影响的。一旦孩子开始对你做出正确的反应，那种感觉简直妙不可言。

第八章 接受性语言和非语言操作教学

当卢卡斯在1999年开始学习他的洛瓦斯模式的应用行为分析课程时，接受性技能、模仿和配对是他学的头几个技能。虽然卢卡斯当时可以识别大约一百个单字，包括几个提要求和几个交互式语言的填充，我们还是遵循洛瓦斯提出的从非语言技能着手的做法。斯金纳博士将接受性语言等同于听者技能，而非语言行为，因此，并不着重于发展模仿和配对的技能。

但是，这并不意味着那些行为不重要。在当今的语言行为训练中，教孩子学习这些非语言操作项目是很重要的，而且应该在干预的前期就开展。非语言操作项目是一项教学计划好的开始，因为它们很容易辅助（孩子在此不需使用口语），而且在语言行为的训练过程中，所有孩子都应该学习如何遵从指令（接受性技能）。你给孩子的第一个指令应足够简单，你也可以评估他能否遵从。接受性技能的好处在于它不需要孩子开口说话，而且很多孩子都觉得很容易遵守。这样做有助于你在课程中建立动量（momentum），因为即使孩子做出一个很小的反应也会得到奖励。

教这些非语言操作技能往往可以消除孩子不听话的行为和他们的挫败感，以便更好地开始学习。

接受性和听者技能的教学

我最近听了马克·松德博格博士的演讲，他已经将"接受性技能"这个术语换成了"听者技能"。马克·松德博格博士说斯金纳博士的女儿朱莉·瓦尔加斯（Julie Vargas）已经劝他好几次了，要他更换"接受性"（receptive）这个术语，因为斯金纳博士觉得"接受性"一词过于强调主观认识而不够科学。同样，斯金纳博士也觉得用"表达性"

（expressive）这个词描述提要求、命名、交互式语言和仿说太模糊。他觉得用"发展听者技能"这一词语更能描述整个评估与发展这种技能的过程。

接受性语言或听者技能是指孩子可以回应别人所下的指令。当一个孩子拥有接受性技能时，你叫他"拍拍手"或"排队"或"穿鞋"，他可以给出正确的回应。普通孩子甚至在他们会讲话前就已经会回应别人所下的指令了，如去拿张卫生纸，找遥控器，或是用手指认出谁是妈妈。观察普通孩子成长的里程碑（你可在 www.firstsigns.org 网站上找到普通孩子成长技能的明细表），可以看到，还不到 1 岁的小孩都已经有很强的接受性语言了。

孤独症孩子被确诊时通常没有很强的听者技能，其中有一些是因为这些技能发育迟缓，有一些是孩子在 1 岁以后，这些技能开始衰退。这时，你可能会发现，孩子不是在你每一次叫他名字或叫他去拿鞋时都有反应。他可能也不再回应你所下的简单指令，如"拍拍手"或"拍拍头"。

卢卡斯在接受应用行为分析干预前，只有很少的接受性语言。在他 18 个月大时，他的发育迟缓特别明显，尤其是当时他的弟弟斯潘塞刚刚出生。还记得我曾告诉过朋友，卢卡斯对这个新生的弟弟没有感觉，在他的弟弟刚出生，从医院回来不久后，我请了一位摄影师到家里来为我们照相，摄影师让卢卡斯把一个胶卷筒扔到垃圾筒里，而卢卡斯只会将胶卷筒扔到地上，然后在地上跑圈。

几个月过去了，在卢卡斯过完 2 岁生日之后，当我们很确定他需要接受语言治疗时，我在他的评估单上写到，他可以接受指令触摸指定的身体部位。然而，后来我才发现，他只在我读巴尼的故事书讲到身体部位时才能做到逐个触摸，而且是顺序不变地摸头、鼻子、膝盖和脚趾。如果没有那本故事书，卢卡斯接受性辨识自己身体部位的能力就很差。

不过，对于采用应用行为分析干预的家长们来说，有一个好消息，卢卡斯自接受应用行为分析干预以来，他的接受性语言技能进步得很快。现在，对别人的指令做出反应和其他接受性语言技能已成为他的强项了。

提高在自然环境中的接受性语言技能

第七章所提到的"辅助"是当你教孩子如何遵从指令时会用到的一个很重要的干

预手段。

如前面几章所提到的，不要将孩子的名字与你所下的指令联结在一起。对自己的名字做出反应的技能是许多孤独症孩子所不具备的。限制使用孩子的名字，其实正可以帮助他学习当别人叫他名字时如何做出正确的反应，如此一来，他就不会因名字和一长串指令连在一起而干脆排斥它。

以下是我教孩子对自己的名字做出反应的一些方法。

丹尼斯很少对自己的名字做出反应，所以第一步是请所有在他身边的人停止或减少叫他的名字。接下来，准备几个对他来说是强大且好控制和可以消耗掉的强化物（例如，薯片或吹泡泡），当他从事另一项活动时，你就站在他身后几米的地方，叫他的名字，然后马上触碰他的肩膀，把他转向你，给他一片薯片。接着，你站在他身后再远一点的地方，并延迟一两秒再触碰他的肩膀，如此渐渐地渐褪你的辅助。这样，丹尼斯会学到，当他听到他的名字时，好的事情就会发生。只要你能给予强化物，就可以在一天之中的任何时候训练这种对自己的名字做出反应的方式。

事实上，当你教孩子听者技能时，你必须确保在通过辅助能够完整地完成这个训练的前提下才发出指令，但不要持续不断地给孩子发指令，那样好像在轰炸他。此课程的目的是让你和孩子在开始训练时很容易地建立起信心，基于这个原因，格伦·莱瑟姆博士建议我们，要确保每给出一个负面的评论或做出一次纠正，就要给予许多正面积极的评价。他建议在每一个负面的评语后面给出八个正面的评语。每一个人，包括你的配偶、你的保姆，甚至你的婆婆，都需要了解、支持这项课程。

如果每个人都能贯彻一致，你会看到孩子不久就能开始遵从简单的指令。如果没有贯彻一致，那么就仍会看到孩子不听话并出现问题行为。如果是这样的话，你可以观察孩子与其他成人的互动，在两个计数器上分别记下正面和负面的评语出现的次数，这样就能找出是谁没有按照你的规则来做。与那人分享你的数据，然后请他或她观察你与孩子的互动，并收集你的这一套点击计数。一般情况下，我发现人们倾向于高估自己所给予的正面评价，而低估自己给孩子的负面评论的次数。

密集训练听者技能

当你准备进行密集教学时，我建议在孩子具备相当数量的听者技能之后再开始。

在密集教学的开始阶段应先教几个接受性技能，例如，听从指令、接受性指认身体部位和接受性辨识。

每个课程都需要至少两个目标行为，这样你才会知道孩子是否可以区分它们。当我刚开始做咨询师时，一位妈妈把她 2 岁的儿子丹尼尔带到我家。她很自豪丹尼尔在别人要求他"拍拍手"时会拍他的双手，该技能现已被列入他的训练记录表的维持项目之中。丹尼尔学了几个月才把这个技能学会。所以，当我告诉她丹尼尔要能够区辨两个或两个以上的目标才算真正学会时，她格外失望。

总之，如果教孤独症孩子一个单独的技能，并针对这一技能给予大量强化作用的话，你会发现很难再教给他们第二个或第三个技能。当治疗师说"拍手"时，对丹尼尔而言，很可能相当于听到"dada"。因此，当回应指令"站起来"成为教学目标时，他还会相当于听到"dada"。当你把两个指令放在一起时，丹尼尔就只有 50% 的机会做出正确反应而得到强化。这样一来，他并没有真正听懂"拍手"。所以，如果每个课程至少选择两个不同的教学目标，那么孩子一开始就能够通过辅助和强化，学习正确地区分不同的指令。

拍手、跺脚、站起来、坐下、敲打桌子、跳跃、转身、举手和双手交叠，都是很好的密集教学目标。如果孩子已经可以遵从全部这些简单指令，你就可将这些已经达成的目标写在索引卡上，然后混合孩子已经学会的和正要学习的目标。

一旦有了他已经学会的技能的目标清单，你就可以在正式的桌面教学课程开始时，用它来评估或试探孩子的具体表现如何（参看附录 5 的记录表）。

例如，你想教孩子如何正确回应"拍手""跺脚"和"站起来"这三个要求。

在正式教学开始前，你得选择这三个中的一个（不需要每次都一样，可以调换顺序）来评估孩子是否在没有辅助的情况下就可以正确回应指令。假如你说"跺脚"，你的眼神不要往孩子的脚那里移动，因为那也是一种辅助。在这种冷试探阶段要小心，什么辅助都别做。不要提高声音，叫他拍手时，不要瞥他的手部或以任何方式碰他的身体。在你的试探记录表上记下他的反应，圈出"是"或"否"就好，只有他在完全没有辅助的情况下恰当地做出反应，你才能圈"是"。然后，换另外两个目标来做。

下面是一个运用冷试探教接受性技能的例子。

教师："拍手。"用中性的声音说，没有任何辅助。

孩子：用手拍桌子。

教师：在试探记录表上圈选"否"。

做完了目标试探，你就可以开始教学了。你会用到辅助渐褪以及转换程序来达成目标。当我去已经在使用语言行为方法的家庭或学校当咨询师时，如果看到试探记录表上有一大堆"否"，就会问他们在做过试探记录表的内容之后又进行了多少教学。我发现实地观察他们的教学过程是必要的，因为可以了解到他们用转换程序和辅助渐褪是否有问题。

如同我在第七章中讨论过的，开始教一个新技能的时候，可能需要用全肢体辅助，然后渐褪到全模仿辅助，再渐褪到部分模仿辅助。在每一个教学时间段内，每个目标都尝试几次，才会有更好的机会在第二天做首次冷试探时，得到孩子的正确反应。试探是一个重要的评估工具，但必须每天针对每个目标都进行相当数量的教学，这个工具才会有效。

这里提供一个教"踩脚"这类接受性指令的例子。在给出"踩脚"或"站起来"的指令前，先让孩子处于和你面对面的位置，你们两个人都坐在椅子上。这为什么很重要？因为如果让孩子坐在桌子的后方，给他"踩脚"的指令，接着去把他坐的椅子拉出来，这就会形成一个辅助。记住，此时你教的是听懂话的技能，而不是在教孩子看懂你的肢体辅助，所以不可以提供任何看得见的辅助。

教师："踩脚。"手马上轻轻地放到孩子的膝盖上，用全肢体辅助使他的脚提起、放下，做出踩的动作。

孩子：在全肢体辅助下，踩脚。

教师："很好……踩脚……"轻微碰触孩子的膝盖。

孩子：在减少辅助之下，踩脚。

教师：给孩子 M&M 巧克力豆，同时微笑，说："踩脚踩得真好！"

教师："拍手。"

接受性指认身体部位是接下来要进行的教学项目，甚至可以是同时进行的项目，因为它同属于听者技能的训练。如果把一个以上的项目合起来做，可以选择三个目标，例如，"拍手""跺脚"和"摸头"。指认身体部位这一课程是训练孩子在接到指令时，碰触不同的身体部位。从比较大的部位开始，两个目标之间距离不要太近，例如，肚子和头就很好，而鼻子和眼睛对于刚开始训练的孩子来说就离得太近了。

教学前，要先对目标做冷试探，这跟接受性指令的训练一样。此外，如同教听者技能一般，在指认身体部位技能的教学中也需要小心地进行辅助、渐褪辅助和转移程序。

再来看一个如何教会模仿的孩子接受性指认身体部位的例子。

> 教师："摸头。"马上给他示范如何摸自己的头。
> 孩子：摸头，跟着示范动作做。
> 教师："摸头摸得很好！"同时把手从头部挪开，放回原来的位置。
> 教师："摸头。"没有辅助。
> 孩子：摸头。
> 教师："摸肚子。"马上示范摸自己的肚子。

这两个例子显示，在教学中变换目标很重要。不要连做十次"摸头"才做"摸肚子"，你得教孩子如何听到你说的词汇，而且从一开始就要教他学着区辨。

第三个要描述的接受性课程是接受性辨识（receptive identification）。如果你的孩子还不具备接受性技能，那么请从在桌上放一样东西开始，叫他摸这样东西。比如，在桌上放一只婴儿鞋，说"摸鞋"，然后把鞋从桌上举起，叫孩子再摸一次鞋。这样做之前，孩子应该已经掌握了"摸"这个动作。

等他会摸了（或者他原本已有此技能），你就要教他区辨两样物品或两张图片，然后逐渐增加桌上物品的数量。许多孩子辨识实物做得很好，但我也看到过有的孩子在开始阶段就能辨识图片。教到后来，你会发现这两种都用得着。

当你做评估时（本书第三章所述），我鼓励你准备一个透明的盒子，里面放立体的实物，可用来配对，也可用来做接受性辨识。这些实物要随手可得，因为在这个阶段经常会用到。

另外，你还需要准备一个容器用来放强化物，这些强化物是孩子提要求时会用到的东西，每个强化物的图片准备两张，两张要一模一样。图片可以是拍摄的，也可以到谷歌网站（www.google.com）图片那一栏，写上要找的东西的名称，看到图片出来后，复制印出。实物和其图片都可用于操作教学。

我们来看罗伯特是怎么开始学习的。无论把强化物放在桌上还是放在其他位置，罗伯特都能做到去摸一下。可是他摸了以后就想拿起来玩。在这种情况下，你最好在桌上放两样或三样一般的物品（不是强化物），再观察其中哪一样是罗伯特在没有辅助的情况下仍然会去摸的东西。

在上述的例子中，你至少需要三样物品。因为即使他可以对你发出的摸鞋的指令做出反应，也会在你说摸杯子之后去摸杯子，那也只是呈现一样东西，我们不确定罗伯特是否真正学会了辨识那样物品。如果只摆两样，罗伯特摸对的概率就是50%，还是不好确定。要是摆出三样或更多，那么就较有把握确认罗伯特是否已真的学会辨识不同物品。

一路教下去，随着罗伯特的进步，展示出来的东西要越来越相似，如布鞋和凉鞋、杯子和瓶子，以测验他的辨识能力。他学会了辨识三样物品后，你就增加变化，一直增加到六样或更多为止。

接受性辨识的教学中含有转换程序以及需小心使用的渐褪辅助。

现在罗伯特面对的是三样物品了，而且有立体的实物。请小心，每一次摆放图片或物品的位置不要都一样，而且每教一次，最好就调换一次图卡顺序。观察孩子每次怎样选择图片，以便看出他是否只选中间那张，或者只选左边或右边那张。还有，不必整整齐齐地摆放图片，这有可能引发孩子对整齐这件事的刻板，导致在教学过程中出现行为问题。

教师：把一只鞋、一个杯子和一个玩具汽车放在桌上，说"摸汽车"，并马上点指或碰触汽车（手势辅助）。

罗伯特：摸了汽车。

教师："对，摸汽车。"

罗伯特：在没有辅助下摸了汽车。

教师："你的头在哪里？"（一个已掌握的技能）

罗伯特：摸头。

教师："很好，汽车在哪里？"没有辅助。

罗伯特：摸了汽车。

教师：打开DVD，给罗伯特播放一小段电影，并夸奖他。

穿插进孩子已掌握的技能（上述例子中的"你的头在哪里？"），这叫"干扰回合"。在教学的早期，孩子可能就已经可以接受插入干扰回合的教学了。这里的目标是在第二天的首次试探时，罗伯特在没有辅助的情况下也能给出正确的反应。因此，在教学中加入他已掌握的反应测试能够帮助他第二天早上实现目标。

模仿技能

正常发育的儿童很容易进行模仿，你几乎不必花费力气教。而孤独症儿童的核心缺陷之一就是他们的模仿能力普遍较差。我们很少看到孤独症儿童模仿其他幼儿玩玩具或模仿自己的家长做家务，或在幼儿园做团体游戏时模仿其他孩子的手部动作。

对孩子来说，学会模仿极其重要。在洛瓦斯的应用行为分析课程中，我会先教大运动训练。例如，洛瓦斯计划的咨询师建议，先教孩子模仿跺脚和拍手，然后教小肌肉运动模仿，接着是口腔模仿，最后是口语模仿。我就是按这个顺序教卢卡斯的，他最初没有模仿技能，要他仿说时，他也不会呼应。这套方法是有效的，但也花了几个月的时间才达到卢卡斯学会口语模仿的阶段。

我在使用语言行为方法时，非常重视模仿。但你也不必等到大运动训练进行得很彻底了才开始进行口语模仿或仿说。我在下一章会再讲仿说操作，现在要学的是怎么教大运动模仿技能。

我通常依据两项计划来教刚开始学习的学生：玩具/物品模仿、大运动模仿。外界认为语言行为方法和应用行为分析存在一个共同的问题，即运用这两种教法教的游戏技能不足，批评我们只对孩子的语言有兴趣，而幼儿实际上是通过游戏学到每一件事情，包括语言。作为行为分析师，我可以肯定地说，并非所有孩子都喜欢玩具，也并非所有孩子都懂得装扮游戏或对玩游戏有兴趣。我知道在教语言技能之外，也需要教游戏技能。在各项教学课程中，我的方法是一致的——将孩子不太感兴趣的玩具和非常感兴趣的强化物相匹配。

玩具模仿是一个很好的开始，新生都可使用，而且很容易将其合并在"提要求"课程中。玩具的作用很大，因为孩子会觉得玩具很好玩，而察觉不到他们其实是在完成任务。

如果孩子有兴趣，可以从婴儿玩具开始，槌子和球、陀螺、弹簧玩具，都可以。其他合适的玩具包括茶杯和汤匙、费雪牌玩偶、农场或娃娃屋、玩具汽车。开始时要有两套相同的玩具，这样你和孩子就可以各有一套。在进行活动的同时，给孩子下达"这样做"的指令，比如，让玩具汽车在地毯上来回移动，或者搅动茶杯里的汤匙。接着，领着孩子的手，用他的那套玩具辅助他做动作。然后渐褪辅助，就像你此前开展的所有教学一样。

从设定少量目标开始，比如，你说"这样做"，并拿起汤匙在茶杯里搅动，辅助他，渐褪辅助，然后再给出指令："这样做。"假装用汤匙喂一个娃娃。这种教学可以帮助孩子区辨出汤匙的不同用途。假设你对茶杯里的汤匙只设定一个教学目标，孩子最后可能只是因为看到茶杯和汤匙，听到"这样做"，就拿起汤匙搅动。

我们来看凯莉的例子。

> 教师："这样做。"同时拿起玩具车，在桌上来回移动，然后用全肢体辅助帮凯莉来回移动玩具车。
>
> 凯莉：在辅助下来回移动玩具车。
>
> 教师："对了，这样做。"来回移动玩具车。（如果必要的话，用手点指凯莉的玩具车或提供部分肢体辅助。）
>
> 凯莉：在手势辅助下，来回移动玩具车。
>
> 教师："做得真好！给你蜡笔和纸。"（孩子喜欢的东西。）

除了玩具模仿，我也建议你开始进行运动模仿课程。你不妨选定一些接受性指认身体部位的目标。这样，教学目标就可以很容易地在各个语言操作项目间转换，从而促进孩子掌握教学目标。同时，你要确认试探做得正确。在一间刚用了几次语言行为方法进行教学的教室里，我去看其中一位老师怎么给孩子做评估。这位老师说"拍拍手"，同时她自己也拍手。我中断了她的教学，问她评估的是哪一项操作。如果是评估接受性技能，她就不应该提供这个动作的视觉示范；如果是评估模仿技能，她就不应该提供口语辅助，不应该说"拍拍手"。必须分别评估每一项技能。

模仿技能的评估一定是先有指令："这样做。"一旦试探做好了，挑选同样目标的好处就显现出来了。在教学中，你可以在各语言操作项目间使用转移程序，这样就能看到孩子会更快地达到目标，更好地泛化。

以下是朱莉学习肌肉运动模仿技能的一个例子。

教师："这样做。"拍手，同时给予部分肢体辅助。

朱莉：拍手。

教师："对了——这样做。"拍手。

朱莉：拍手，没有辅助。

教师："这样做。"双手摸头。

朱莉：双手摸头，没有辅助。（没有辅助是因为这是先前已掌握的技能。）

教师："太好了！——这样做。"拍手。

朱莉：拍手，没有辅助。

教师："做得太棒了！"用一根羽毛给朱莉哈痒。

视觉执行／配对技能

最后一项非语言操作的技能属于视觉执行范围。孩子在开始阶段学习的技能包括拼图和配对完全相同的物品与图片。

准备好相同的物品以及相同的闪卡。若使用对孩子而言是高效强化物的东西（实体或图片），有的孩子可以学得很好。

做此项评估时，你要说出"配对"或"把一样的放一起"，或者不说话，一次只递给孩子一张图片。

不过我自己实践后发现，如果孩子使用手语，那么你除了说出"配对"这个词之外，还说出物品名称，并打出手语，或者直接以物品名称和手语取代说"配对"一词，往往效果更好。因为这样能帮助孩子把语言和简单字词嵌进脑中程序。只要他经常听到那些字，他就极有可能知道那是该物品的名称，接受性辨识能力就会随之提高。频繁地将这些字词与配对活动相匹配，孩子甚至有可能因此而开始仿说你说的字词。

以下是乔什学习这种技能的一个例子，桌上有三样物品。

教师：在桌上放一个汤匙、一个塑料恐龙巴尼、一个小的毛绒猫。拿一个一模一样的恐龙巴尼给乔什，说"巴尼"，同时用手势辅助乔什把他的巴尼玩具放到桌上的巴尼的旁边。

乔什：将手上的巴尼放到桌上的巴尼的旁边。

教师："对了！"再次拿起其中一个巴尼，递回给乔什，说："找出一样的巴尼。"

乔什：正确配对巴尼，没有辅助。

教师：吹肥皂水泡泡给乔什看。

教配对技能时，你不要让孩子有机会玩那些东西。假如你认为乔什不先把玩恐龙巴尼一番就无法在桌上成功地将两个巴尼配对，那么就请挑选其他物品或用图片代替实际玩具。在将图片与立体实物做配对时，程序是一样的。等乔什变成图片对图片及实物对实物的配对专家了，你才可以将图片与实物混合起来教他配对。这项原则非常重要，如果你打算在以后的教学计划中使用以图片作为提示的作息表的话。

教拼图技能很有意思，因为很多孤独症孩子有较强的视觉优势，拼图就是很有效的强化物。孩子执着于完成拼图或执着于用某种顺序完成，都可以成为教学的优势，借此鼓励他提要求，向你要拼图碎片或其他物品。再次强调，在他拼图的过程中，你可以用大量的语言"轰炸"他。

要是孩子属于少数不喜欢拼图的人，那么你也可以用拼图来培养他的视觉技能，通过细心地将拼图碎片和强化物相匹配就可以做到。例如，你打开电视，让孩子移动拼图碎片，即使是很轻微地移向正确方向，只要移到了那个位置，你就给他额外的强化。逆向串链（backward chaining）也很有效。例如，给孩子一幅拼图，只差一片就拼完整了，然后让孩子拼完。他一旦完成了只差一片就完整的拼图，下次就给他还差两片的残图让他拼。

准备教孩子拼图技能时，你要购买适合幼儿的拼图，画面可以是有关家用物品或农场动物之类的。你可以一边递给孩子小猪拼图，一边说："猪、猪、猪。"这样，孩子没有你的帮忙，也可以把拼图碎片放到正确的位置。

以下是一个教康纳完成一幅除狗以外其他宠物都到位了的动物拼图的例子。

教师：递给康纳一片有狗的图画的拼图，说"狗、狗、狗"，辅助他将狗的拼图碎片放到正确的位置。

康纳：把狗的拼图碎片放好，有辅助。

教师：把画着狗的拼图碎片拿走，递回给康纳，说"很好……狗、狗、狗"。

康纳：把狗的拼图碎片放对，没有辅助。

在运用语言行为方法进行教学的初期，建立接受性、模仿、视觉执行等技能会对改善孩子的行为产生良好的效果。频繁地练习这些技能有助于孩子听从指令。通过练习，你的辅助、渐褪辅助的技能都会进步，孩子的语言技能通常也会提高。

下一章，我会讲解如何对孩子进行各种语言操作项目的教学，你会发现，每一种操作项目的基本程序都与本章所描述的相同，不同之处只在于辅助。既然你不能强迫孩子讲话，那么在辅助这方面多下功夫就很重要了。辅助能够帮助孩子成功，他也会因此了解到，原来这样可以得到强化物。孩子受到激励，以后再被要求进行较难的技能训练，就会更愿意遵从。

还有，做这些技能训练可以帮助你成为更好的语言行为教师，你练习辅助、渐褪辅助，反复练习到非常流畅，就会看到自己的成功。

如果你自己也需要一点强化，欢迎你随时回到这一章温习。

第九章　其他语言操作项目的教学

教语言最重要的关卡在于确认孩子能够与他的治疗师建立良好的关系，还需要孩子有能力就他眼前的一些物品提要求。

一旦做到了这些，你就可以开始教孩子其他语言操作了，如命名、仿说及交互式语言的技能，等等。

我们在第八章中所讨论的非语言操作项目固然重要，但那不应该成为计划的焦点，让孩子尽快地学会沟通才是目标，无论他使用口语、手语，还是其他系统。

在密集的语言行为训练中，你必须确保能给孩子提供大量的练习语言反应的机会，这一点不同于标准的应用行为分析。

非口语操作项目在应用行为分析或回合尝试教学中如此被重视的原因，在于它们能较轻易地辅助无口语的孩子，并强化孩子的成功经验。在设计学校或家庭计划、评估方案和密集教学课程时，即使孩子还不会说话，我也倾向于有效地混合所有的语言操作项目。我希望看到至少 50% 的教学回合中包含口语的反应（手语或口语都可以）。语言操作项目的教学是比较难的，但如果坚持着眼于孩子学会沟通的目标，你就会发现这些额外付出的辛苦都是值得的。

你已经学会如何教表达需求的技能了。孩子在转而学习其他语言操作项目前，应该能就一些物品提要求，而且这些需求的表达必须发生在没有口语示范或手势辅助的情况下。我看到太多的治疗师在孩子学会表达自己的需求之前，就急于教其他语言操作项目，这往往会留下祸根。

孩子必须具备提要求的技能，因为你将在"提要求架构"下教他初步的命名、仿说以及交互式语言技能。这意味着你需要将孩子已经熟练掌握的"提要求"转换成其他的语言操作项目。当孩子有一个明确的动因以索要某个物品，但又无法使用口语或手语进行表达时，你是无法教他命名那个物品或流畅地就此物品进行仿说的。记住，表达需求永远是第一步。

命名技能的教学

"命名"是指给所见、所听、所闻、所尝或所接触的事物贴标签。命名的前提是出现某种形式的刺激（如一个实物、一张图片、一个声音或一种味道），而命名的结果是间接的强化物，如表扬。

从技术上来说，一个单纯的命名不应该包含教师的问句，像"这是什么"，这应该来自孩子对环境中事物的关注和评论。比如，"你看，那里有一头牛"或"我闻到培根的味道"，这是自发性的。单纯的命名通常是为了获得你的关注，而这往往是孤独症孩子极度缺乏的能力。要求他人关注的教学要在课程进行一段时间之后再开始，所以，目前期望教命名时不问孩子"这是什么"是不切实际的。

使用这种方法教命名的另一个原因是，环境刺激的改变有助于我们创造许多教学机会。一些孤独症儿童需要经过几百次教学才能熟悉一个物品，而普通孩子可能只听一次就可以记住物品的名称。

这就是为什么命名的前提需要包括一个刺激（图片或声音）和一个教师的问句（如"这是什么？""你听到什么？"）。

关于语言行为的例子，并非都那么绝对，非黑即白。很多时候，在一个孩子或成人说的话里，你会发现其中包含了部分需求，也包含了部分命名，或者同时包含了部分命名与部分交互式语言。对此，你不必太过担心，因为你的目标是让孩子学会沟通。事实上，大部分语言都是"多重控制"的，意指它包含了一种以上的语言操作项目。我们在密集训练中会充分利用这一点，将各语言操作项目加以混合，并在它们之间做相互转换。

命名就是给你所看到的以及你所闻到、听到、尝到、摸到的事物赋予标签。本章将讲解如何教孩子对视觉和听觉刺激进行命名。

开始时，先命名你所看到的，然后命名在环境中听到的声音（动物的叫声也是目标之一）。命名味道、某个东西尝起来或摸起来如何等都比较抽象，可以以后再教。其他更高级的命名技能包含颜色、特征（比如，计算机有屏幕）、形容词（冷、热），以及介词（火车在桥上、火车在桥下），等等。起步阶段不要考虑教孩子高级的技能，你必须先确定孩子能命名上百个简单的物品，然后才可以教高级的技能。

我曾看到教师教一些刚被确诊为孤独症的儿童命名物品，比如，"黄色的椅子"，或称消防车是"红色"的。他们的命名技能的基础尚未建立，用心良苦的家长和专业人士就开始教颜色、特征、功能，甚至介词了。如果你太早开始教颜色以及其他的高级技能，就会导致孩子困惑，出现奇怪的词语搭配和条件区辨问题（problems with conditional discrimination）。

如果你教孩子标记"黄色的椅子"或教他说"消防车是红色的"，他也许就会判定所有的椅子都叫作"黄色"，所有的消防车都叫作"红色"。最好的办法是先帮孩子把最基本的命名技能掌握扎实，再渐进地教他颜色。只有在孩子能单独且顺畅地掌握某个物品的概念之后，你才可以尝试将颜色和命名组合在一起。你应将语言的学习视为金字塔，必须确保基础是稳固的，才能不断添砖加瓦。

你要知道，假如你举起一把椅子，问孩子："这是什么？"正确的回答应该是"椅子"。假如你举着同一把椅子，问孩子："什么颜色？"正确的回答应该是"黄色"。如果孩子用"黄色的椅子"来回应这两个问题中的任何一个，都是严重的错误，你必须纠正他。除非孩子已熟练掌握100个以上的简单命名，否则，你应避免让他命名颜色、特征或其他抽象概念。

一旦孩子已经熟练掌握基本的命名，就可以开始以同样的方式学习更高级的技能了。无论是什么刺激，教命名的技术都是类似的。

现在，你已经知道孩子能够就他眼前的10种物品提要求了。准备好这些对孩子来说是强化物的物品（孩子已经能索要它们了），同时准备好这些物品的图片。

从提要求转换到命名，在技术上应该使用强化物的图片而不是使用实物。因为实物可能会引发孩子的欲求，孩子可能更想要那个物品而非命名那个物品。如果孩子喜欢某种糖果，一看到便会提要求，那么他可能就更会对其提要求，而不是对其命名。在他会就实际的强化物提要求后，再使用图片教孩子命名强化物通常会比较顺利。

在混合的语言行为教学中，使用图片也会更加轻松，存储100张物品图片总比储存相同数量的物品来得容易。不过，你还是要有一些实际的物品，因为命名实际的鞋和杯子还是比单纯命名这些物品图片更具功能性。一些孩子非常容易泛化，在学会命名图片中的杯子后，他们就可以命名自然环境中其他不同形式的杯子了，但有些孩子需要通过特殊的教学来区分实际的杯子与杯子的图片，以及区分不同种类的杯子。当教孩子命名技能时，你应将上述重点牢记在心，并依此重点来设计课程。

对于所有语言行为操作项目，你都要先对孩子进行冷试探，以确定哪些物品的命名可以在有辅助或无辅助的情况下完成。如果孩子已经可以命名一些强化物的图片与几个普通物品的图片了，你就可以列出一张物品名称清单，用来测试孩子命名物品的具体情况。命名正确的，可在名称旁边写个加号；错误的或没有反应的，就在名称旁边写个减号。加号表示孩子已掌握对那个物品的命名，以后不需要再测试或进行命名教学了。

刚接触语言行为教学的孩子不具备命名技能是很正常的，如果你的孩子也是如此，那你就从他已掌握的提要求清单中挑选命名的教学目标。将孩子已能够用于提要求的词汇（饼干、荡秋千、猫咪、牛奶、陀螺）扩展到所有语言和非语言操作项目中去。对于大多数孤独症孩子来说，命名往往比其他非语言操作项目更难掌握，所以，你要养成一个好习惯，每次都先测试孩子的命名能力。不能先用"摸饼干"的指令去试探他的接受性语言能力，紧接着又以"这是什么"去试探孩子的命名能力，因为在前面"摸饼干"的指令中，你已经告诉了孩子这是饼干。

以下为瑞安的命名试探的例子。

教师：举起一张饼干的图卡（应该选用他认识的，并已经会就它提要求的那种品牌的饼干），说："这是什么？"

瑞安：用手语打出"饼干"。

教师："做得好。"并吹泡泡（他喜欢的已知强化物），在冷试探记录表上圈"是"。

教师：举起一张瑞安荡秋千的图片，问："这是什么？"

瑞安：用手语打出"跳跳"。（错误）

教师：让瑞安的手放下并再次举起图片，说："这是什么？"然后领着瑞安的手，辅助瑞安打出"荡秋千"，同时说出"荡秋千"。

瑞安：在完全辅助下打出"荡秋千"。

教师："对了，这是什么？"再次举起"荡秋千"的图片。

瑞安：用手语打出"荡秋千"。

教师："对了，是'荡秋千'！"用手语对瑞安打出"荡秋千"，并在记录表上圈"否"。

孩子只有在 3 秒钟内做出反应，并且在做出正确反应后没有再做出其他的反应，你才能在冷试探记录表上记录下"是"。如果他自我修正，那么在试探中也不能算作正确命名。如果他使用手语来回答，同样必须相当清楚地反应。若孩子的反应包含了多个词汇，那么即使中间有正确的命名，在记录表上也还是应记为"否"。

即使是试探，也同样需要做错误纠正，因此，在上面瑞安的例子中，教师在记录下"否"之前，先纠正了瑞安的错误。如果瑞安是有口语能力的，那么不同的地方仅在于瑞安的反应是要说出正确的词而非用手语打出，而错误纠正的方式是相同的。

在试探中，对于孩子没能做对的任务，你需要放在教学时间教。在这个例子中，瑞安需要更多的关于"荡秋千"图片的命名教学。

约翰是个有口语的 6 岁孩子，有两个可作为教学目标的强化物，即小汽车和果汁。他会说这两个词，如果它们出现在他的眼前了，他也会就这两个物品提要求，我们拍下了这两个物品的图片，用来协助他从提要求转移至命名。

教师：将实物小汽车和实物果汁以及两者的图片呈现在孩子面前。

约翰：通过说出"果汁"来提要求，并伸手去拿。

教师：举起图片，并说："这是什么？……果汁。"

约翰：仿说"果汁"。

教师："没错，这是什么？"举起图片。

约翰："果汁。"

教师：递给约翰果汁以强化。

有的治疗师运用孩子已掌握的提要求技能成功地将"和样品配对"技能转换到命名。这个方法对于使用手语的初期学习者来说特别有效，因为教师可以让词汇与手势配对。教师会递给孩子一张图片，如果孩子以图片配图片的方式将自己喜欢的物品配对成功了，教师就会举起其中一张图片问："这是什么？"因为几秒钟前，孩子才看到手语并听到这个词，所以他很有可能正确地答出或打出。

下面有一个类似的例子。

教师：在桌上放上糖果、秋千、薯片的图片。给亚伦一张跟桌上的糖果图片完全相同的图片，并说："糖果。"

亚伦：配对糖果的图片。

教师：拿起上面那张图片，并问："这是什么？"

亚伦："糖果。"

你还可以尝试从接受性技能转换到命名。这个方法对卢卡斯很有效，也是我研究的焦点，相关研究已在2005年发表于《语言行为分析》。

下面来看怎么做转换。

教师：在桌上放上卡车、烤箱、牙膏的图片，并说："去摸烤箱。"

山姆：摸烤箱的图片。

教师：拿起烤箱的图片，并说："这是什么？"

山姆："烤箱。"

仿说技能的教学

教孩子模仿你说的话，可以为他的语言打开一扇闸门。能够仿说，也愿意仿说的孩子，会更好地响应仿说辅助，仿说通常也会在各语言操作间提供一座转换的桥梁。

仿说的前提**仅仅**是口语刺激，所以要获得一个真实的仿说反应，实物或图片都不应出现。在评估孩子的这一技能时，你只能说"说'球'"，而不呈现球。

如果孩子不具备这项技能，那就需要一套系统化的教学来发展这项技能。它与教授其他语言操作项目的流程是一样的：辅助、辅助渐褪及错误纠正。目标是孩子学会真正的仿说，但对刚起步的学生来说，你最好在"提要求架构"下进行教学。事实上，你或许在让孩子就强化物提要求的时候就已经有成功教他仿说的经验了。

如果没有任何强化物呈现，那么你就不该让孩子坐下进行仿说学习，因为这可能导致行为问题，让他对任务产生厌恶感。转换程序的使用正可以帮助孩子学会这项技能。

以下是一个仿说转换的例子。

  教师：准备好泡泡。

  阿比：说出"泡泡"（这是要求）。

  教师：吹出泡泡，并说"泡泡……泡泡……说'泡泡'"，同时将泡泡罐子移到桌下或移到孩子的视线之外，然后突然展示一下泡泡罐子。如果阿比没有立即反应，就再次示范说"泡泡"。

  阿比：在教师说"泡泡"后立即仿说"泡泡"（此时没有呈现泡泡罐子）。

你也可以用闪卡来进行转换程序，教孩子仿说，但使用的闪卡应该是非强化物的图片。先教他仿说图片里的物品，然后翻转卡片，在没有视觉刺激的情况下，再次要求孩子仿说。

仿说能力可以促进发音，特别是在孩子能够看到你的整张脸或嘴巴的情况下，你做出夸张的脸部动作，放慢字句或提高音量，都可以帮助孩子发音发得更好。

交互式语言技能的教学

最后一个要学的语言操作项目是交互式语言，这是关于回答问题的能力——对话所必须具备的能力。很多孤独症孩子的家长，包括我，都渴望与孩子们互动。如今，我知道这个过程不需要魔法，但需要通过系统性程序来建立对话技能。我确信有一天卢卡斯会跟我有真正的对话，自从他能够回应简单的问题，我们之间就已经有简短的迷你对话了，但他仍需要学习如何问、如何答"5W 问句"[①]。

---

① 编注："5W 问句"指的是包含有"谁"（who）、"哪个"（which）、"为什么"（why）、"何时"（when）、"哪里"（where）几个基本要素的句子。因这几个英文单词的首字母都是"W"，故称"5W 问句"。

这是一个普通成人之间对话的例子，括号中标出了所含的语言操作项目。

安妮："我以前在这里没见过你（命名/要求关注）。你是初次来这里吗？"（要求信息）

杰米："对，我是最近才从新泽西搬来的。"（交互式语言）

安妮："哦，你住在新泽西的哪边啊？"（要求信息）

杰米："文特诺——靠近大西洋城。"（交互式语言）

安妮："我爱大西洋城。"（交互式语言/要求关注）

杰米："你喜欢赌博吗？"（要求信息）

安妮："我喜欢！"（交互式语言）

可以看到，这段普通的对话混合了三种语言操作项目。高级的命名或评论通常是为了要求获得关注，且可作为一段对话的起点。这类语言操作项目的例子包括下列陈述："我好喜欢你这件衣服。""好棒的天气，这样的天气真是美好。"第二部分对话是提问以要求获得信息，如"你住哪里？""你怎么去那里呢？""你为什么会这样做呢？"对于孤独症孩子，这些较高级的提要求技能的教学需要非常精细的引导，或许在孩子可以正式跟你提要求以获得某种物品或活动的几个月或几年后，你才会教到。

最后一部分对话就是交互式语言反应（回答5W问句）。

交互式语言的前提仅仅是语言刺激，而不像我们希望学生能说出与教师相同的词句那种仿说操作。交互式语言反应需要的是与教师提供线索的用语完全不同的词语。

这听起来可能有些令人困惑，但在实际教交互式语言时通常非常简单，因为它可能会使用有趣的活动，如儿歌和童谣接唱。如我先前提到的，我先生在卢卡斯2岁时偶然发现他可以接唱好几首歌里好几句的最后一个字。我在评估时也发现很多小孩都有相同的能力，即使他们的家长说自己的孩子无法做这件事。

在开始教交互式语言技能前，你要先选一首孩子常听且熟悉的歌，如恐龙巴尼的主题曲《我爱你》，就是对孩子来说极具魅力的一首歌，《王老先生有块地》（Old MacDonald Had a Farm）也是很好的选择，特别是对只会发出简单声音的孩子，因为在你唱完"咿——呀——咿——呀"后接唱"呦"或是发出动物叫声如"汪""哞"，通

华夏特教系列丛书

书号	书名	作者	定价
*0137	孤独症谱系障碍：家长及专业人员指南	[英]Lorna Wing	59.00
*9879	阿斯伯格综合征完全指南	[英]Tony Attwood	78.00
*9081	孤独症和相关沟通障碍儿童治疗与教育	[美]Gary B. Mesibov	49.00
0713	融合幼儿园教师实战图解	[日]永富大铺 等	49.00
*0157	影子老师实战指南	[日]吉野智富美	49.00
*0014	早期密集训练实战图解	[日]藤坂龙司 等	49.00
*0116	成人安置机构ABA实战指南	[日]村本净司	49.00
*0510	家庭干预实战指南	[日]上村裕章 等	49.00
*0119	孤独症育儿百科：1001个教学养育妙招（第2版）	[美]Ellen Notbohm	88.00
*0107	孤独症孩子希望你知道的十件事（第3版）		49.00
*9202	应用行为分析入门手册（第2版）	[美]Albert J. Kearney	39.00
*0356	应用行为分析和儿童行为管理（第2版）	郭延庆	88.00
\multicolumn{4}{教养宝典}
*0149	孤独症儿童关键反应教学法（CPRT）	[美]Aubyn C. Stahmer 等	59.80
*0461	孤独症儿童早期干预准备行为训练指导	朱璟、邓晓蕾等	49.00
9991	做看听说（第2版）：孤独症谱系障碍人士社交和沟通能力	[美]Kathleen Ann Quill 等	98.00
*0511	孤独症谱系障碍儿童关键反应训练掌中宝	[美]Robert Koegel 等	49.00
9852	孤独症儿童行为管理策略及行为治疗课程	[美]Ron Leaf 等	68.00
*0468	孤独症人士社交技能评估与训练课程	[美]Mitchell Taubman 等	68.00
*9496	地板时光：如何帮助孤独症及相关障碍儿童沟通与思考	[美]Stanley I. Greensp 等	68.00
*9348	特殊需要儿童的地板时光：如何促进儿童的智力和情绪发展		69.00
*9964	语言行为方法：如何教育孤独症及相关障碍儿童	[美]Mary Barbera 等	49.00
*0419	逆风起航：新手家长养育指南	[美]Mary Barbera	78.00
9678	解决问题行为的视觉策略	[美]Linda A. Hodgdon	68.00
9681	促进沟通技能的视觉策略		59.00
*8607	孤独症儿童早期干预丹佛模式（ESDM）	[美]Sally J.Rogers 等	78.00
*9489	孤独症儿童的行为教学	刘昊	49.00
*8958	孤独症儿童游戏与想象力（第2版）	[美]Pamela Wolfberg	59.00
*0293	孤独症儿童同伴游戏干预指南：以整合性游戏团体模式促进		88.00
9324	功能性行为评估及干预实用手册（第3版）	[美]Robert E. O'Neill 等	49.00
*0170	孤独症谱系障碍儿童视频示范实用指南	[美]Sarah Murray 等	49.00
*0177	孤独症谱系障碍儿童焦虑管理实用指南	[美]Christopher Lynch	49.00
8936	发育障碍儿童诊断与训练指导	[日]柚木馥、白崎研司	28.00
*0005	结构化教学的应用	于丹	69.00
*0402	孤独症及注意障碍人士执行功能提高手册	[美]Adel Najdowski	48.00
*0167	功能分析应用指南：从业人员培训指导手册	[美]James T. Chok 等	68.00
9203	行为导图：改善孤独症谱系或相关障碍人士行为的视觉支持	[美]Amy Buie 等	28.00
*0675	聪明却拖拉的孩子：如何帮孩子提高效率	[美]Ellen Braaten 等	49.00
*0653	聪明却冷漠的孩子：如何激发孩子的动机		49.00
0703	直击孤独症儿童的核心挑战：JASPER模式	[美]Connie Kasari 等	98.00
*0761	约法三章：用行为契约和孩子一起养成好习惯	[美]Jill C. Dardig 等	69.00

经典教材|学术专著

编号	书名	作者	价格
*0488	应用行为分析（第3版）	[美]John O. Cooper 等	498.00
*0470	特殊教育和融合教育中的评估（第13版）	[美]John Salvia 等	168.00
*0464	多重障碍学生教育：理论与方法	盛永进	69.00
9707	行为原理（第7版）	[美]Richard W. Malott 等	168.00
*0449	课程本位测量实践指南（第2版）	[美]Michelle K. Hosp 等	88.00
*9715	中国特殊教育发展报告（2014-2016）	杨希洁、冯雅静、彭霞光	59.00
*8202	特殊教育辞典（第3版）	朴永馨	59.00
0490	教育和社区环境中的单一被试设计	[美]Robert E.O'Neill 等	68.00
0127	教育研究中的单一被试设计	[美]Craig Kenndy	88.00
*8736	扩大和替代沟通（第4版）	[美]David R. Beukelman 等	168.0
9426	行为分析师执业伦理与规范（第4版）	[美]Jon S. Bailey 等	85.00
*8745	特殊儿童心理评估（第2版）	韦小满、蔡雅娟	58.00
0433	培智学校康复训练评估与教学	孙颖、陆莎、王善峰	88.00

新书预告

出版时间	书名	作者	估价
2024.10	孤独症儿童沟通能力早期培养	[美]Phil Christie 等	58.00
2024.10	融合教育实践指南：校长手册	[美]Julie Causton	58.00
2024.10	孤独症儿童家长辅导手册	[美]Sally J. Rogers 等	98.00
2024.12	儿童教养的105个秘诀	林煜涵	39.00
2024.12	面具下的她们：ASD女性的自白	[英] Sarah Hendrickx 等	49.90
2024.12	看见她们：ADHD女性的困境	[瑞]Lotta Borg Skoglund 等	49.90
2024.12	孤独症儿童游戏和语言PLAY早期干预指南	[美]Richard Solomon	49.00
2024.12	特殊教育和行为科学中的单一被试设计	[美]David Gast	68.00
2024.12	融合班级中的特殊需要学生	[美] TobyKarten	49.00
2025.02	沟通障碍导论（第7版）	[美]Robert E. Owens 等	198.00
2025.02	优秀行为分析师的25项基本技能	[美]Jon S. Bailey 等	68.00
2025.04	融合班级中的孤独症学生	[美]Barbara Boroson	59.00

标*书籍均有电子书

关注我，看新书！

微信公众平台：HX_SEED（华夏特教）

微店客服：13121907126

天猫官网： hxcbs.tmall.com

意见、投稿：hx_seed@hxph.com.cn

联系地址：北京市东直门外香河园北里4号（100028）

社交技能

*0575	情绪四色区：18节自我调节和情绪控制能力培养课	[美]Leah M.Kuypers	88.00
*0463	孤独症及相关障碍儿童社会情绪课程	钟卜金、王德玉、黄丹	78.00
*9500	社交故事新编（十五周年增订纪念版）	[美]Carol Gray	59.00
*0151	相处的密码：写给孤独症孩子的家长、老师和医生的社交故事		28.00
*9941	社交行为和自我管理：给青少年和成人的5级量表	[美]Kari Dunn Buron 等	36.00
*9943	不要！不要！不要超过5！：青少年社交行为指南		28.00
*9942	神奇的5级量表：提高孩子的社交情绪能力（第2版）		48.00
*9944	焦虑，变小！变小！（第2版）		36.00
*9537	用火车学对话：提高对话技能的视觉策略	[美] Joel Shaul	36.00
*9538	用颜色学沟通：找到共同话题的视觉策略		42.00
*9539	用电脑学社交：提高社交技能的视觉策略		39.00
*0176	图说社交技能（儿童版）	[美]Jed E.Baker	88.00
*0175	图说社交技能（青少年及成人版）		88.00
*0204	社交技能培训实用手册：70节沟通和情绪管理训练课		68.00
*0150	看图学社交：帮助有社交问题的儿童掌握社交技能	徐磊 等	88.00

与星同行

0732	来我的世界转一转：漫话ASD、ADHD	[日]岩濑利郎	59.00
*0428	我很特别，这其实很酷！	[英]Luke Jackson	39.00
*0302	孤独的高跟鞋：PUA、厌女症、孤独症和我	[美]Jennifer O'Toole	49.90
*0408	我心看世界（第5版）	[美]Temple Grandin 等	59.00
*7741	用图像思考：与孤独症共生		39.00
*9800	社交潜规则（第2版）：以孤独症视角解读社交奥秘		68.00
0722	孤独症大脑：对孤独症谱系的思考		49.90
*0109	红皮小怪：教会孩子管理愤怒情绪	[英]K.I.Al-Ghani 等	36.00
*0108	恐慌巨龙：教会孩子管理焦虑情绪		42.00
*0110	失望魔龙：教会孩子管理失望情绪		48.00
*9481	喵星人都有阿斯伯格综合征	[澳]Kathy Hoopmann	38.00
*9478	汪星人都有多动症		38.00
*9479	喳星人都有焦虑症		38.00
9002	我的孤独症朋友	[美]Beverly Bishop 等	30.00
*9000	多多的鲸鱼	[美]Paula Kluth 等	30.00
*9001	不一样也没关系	[美]Clay Morton 等	30.00
*9003	本色王子	[德]Silke Schnee 等	32.00
9004	看！我的条纹：爱上全部的自己	[美]Shaina Rudolph 等	36.00
*0692	男孩肖恩：走出孤独症	[美]Judy Barron 等	59.00
8297	虚构的孤独者：孤独症其人其事	[美]Douglas Biklen	49.00
9227	让我听见你的声音：一个家庭战胜孤独症的故事	[美]Catherine Maurice	39.00
8762	养育星儿四十年	[美]蔡张美铃、蔡逸周	36.00
*8512	蜗牛不放弃：中国孤独症群落生活故事	张雁	28.00
*9762	穿越孤独拥抱你		49.00
0614	这就是孤独症：事实、数据和道听途说	黎文生	49.90

书号	书名	作者	定价
	融合教育			
0686	孤独症儿童融合教育生态支持的本土化实践创新	王红霞	98.00
*0561	孤独症学生融合学校环境创设与教学规划	[美]Ron Leaf 等	68.00
*0652	融合教育教师手册	[美]Julie Causton 等	69.00
*0709	融合教育助理教师手册（第2版)		69.00
*9228	融合学校问题行为解决手册	[美]Beth Aune	30.00
*9318	融合教室问题行为解决手册		36.00
*9319	日常生活问题行为解决手册		39.00
*9210	资源教室建设方案与课程指导	王红霞	59.00
*9211	教学相长：特殊教育需要学生与教师的故事		39.00
*9212	巡回指导的理论与实践		49.00
9201	你会爱上这个孩子的！：在融合环境中教育孤独症学生（第2版）	[美]Paula Kluth	98.00
*0013	融合教育学校教学与管理	彭霞光、杨希洁、冯雅静	49.00
0542	融合教育中自闭症学生常见问题与对策	上海市"基础教育阶段自闭症学生	49.00
9329	融合教育教材教法	吴淑美	59.00
9330	融合教育理论与实践		69.00
9497	孤独症谱系障碍学生课程融合（第2版）	[美]Gary Mesibov	59.00
8338	靠近另类学生：关系驱动型课堂实践	[美]Michael Marlow 等	36.00
*7809	特殊儿童随班就读师资培训用书	华国栋	49.00
8957	给他鲸鱼就好：巧用孤独症学生的兴趣和特长	[美]Paula Kluth	30.00
*0348	学校影子老师简明手册	[新加坡]廖越明 等	39.00
*8548	融合教育背景下特殊教育教师专业化培养	孙颖	88.00
*0078	遇见特殊需要学生：每位教师都应该知道的事		49.00
	生活技能			
*5222	学会自理：教会特殊需要儿童日常生活技能（第4版）	[美] Bruce L. Baker 等	88.00
*0130	孤独症和相关障碍儿童如厕训练指南（第2版）	[美]Maria Wheeler	49.00
*9463	发展性障碍儿童性教育教案集/配套练习册	[美] Glenn S. Quint 等	71.00
*9464	身体功能障碍儿童性教育教案集/配套练习册		103.00
*0512	孤独症谱系障碍儿童睡眠问题实用指南	[美]Terry Katz 等	59.00
*8987	特殊儿童安全技能发展指南	[美]Freda Briggs	42.00
*8743	智能障碍儿童性教育指南	[美]Terri Couwenhoven	68.00
*0206	迎接我的青春期：发育障碍男孩成长手册		29.00
*0205	迎接我的青春期：发育障碍女孩成长手册		29.00
*0363	孤独症谱系障碍儿童独立自主行为养成手册（第2版）	[美]Lynn E.McClannahan 等	49.00
	转衔|职场			
*0462	孤独症谱系障碍者未来安置探寻	肖扬	69.00
*0296	长大成人：孤独症谱系人士转衔指南	[加]Katharina Manassis	59.00
*0528	走进职场：阿斯伯格综合征人士求职和就业指南	[美]Gail Hawkins	69.00
*0299	职场潜规则：孤独症及相关障碍人士职场社交指南	[美]Brenda Smith Myles 等	49.00
*0301	我也可以工作！青少年自信沟通手册	[美]Kirt Manecke	39.00
*0380	了解你，理解我：阿斯伯格青少年和成人社会生活实用指南	[美]Nancy J. Patrick	59.00

常都是很容易出现的反应。

交互式语言填空是相当具有功能性的技能，而且一整天都可以练习，像日间托儿所和幼儿园经常有唱歌的活动。对于较大的孩子或成人来说，你可以找祷告文、国旗誓词和流行歌曲，以同样的方式来教。

如果孩子会发音，那么你在选择交互式语言填空时就选择一个他可以发的音。挑选一首孩子喜爱且有动因去唱的歌是最棒的开始。以选择唱《轮子上的公交车》（The Wheels on the Bus）这首歌为例，你要唱得缓慢、清楚、有活力，然后空出每句的最后一个字或最后两个字，如"轮子上的＿＿"。若孩子没有反应，你就要着重唱出那个字，然后再次尝试唱这首歌。

下面是纳丹如何学会这个技能的例子。

教师："轮子上的＿＿（停顿2秒）……**公交车**！"
纳丹：坐着并微笑。
教师："轮子上的公交＿＿"
纳丹："公交车。"
教师："太棒了，你说了'公交车'……我们再试一次……轮子上的＿＿"
纳丹："公交车。"
教师："向前＿＿（停顿2秒）**向前**！"

在你唱的一首歌曲中只挑选2~3个目标字，例如，刚才的这首歌，你的目标是"公交车"或"向前"；如果是唱恐龙巴尼的主题曲《我爱你》，那么你可以挑选"你"和"我"作为目标。在这两首歌当中，那些目标字出现的频率高，而且孩子也都喜欢唱。一旦纳丹熟练掌握了这4个目标，你就可以从这些歌中再挑选别的字，或是使用新的儿歌。

等孩子熟悉了很多首歌中若干句子的最后一个字，你就可以开始进行逆向串链，留下句子的最后两个字。等纳丹熟练掌握了在你唱完"一闪一闪亮晶晶，满天都是小＿＿"后接唱"星星"，你接下来的目标就是让孩子接唱"小星星"。

等待孩子接唱的时间不要超过 2 秒或 3 秒，因为你也没办法迫使孩子说出这些字。假如这个技巧不管用，那么你可以试着拿起玩具星星或星星的图片，以此作为辅助，然后从命名转换到交互式语言。

下面这个例子会告诉你应该怎样操作。

  教师：拿起星星的图片，说："这是什么？"
  纳丹："星星。"
  教师："对！"放下星星，然后唱"一闪一闪亮晶晶，满天都是小____"，拿起星星，然后大声唱"**星星**"。"我们再试一次，一闪一闪亮晶晶，满天都是小____。"并拿起星星的图片。
  纳丹："星星。"
  教师："唱星星唱得很棒！一闪一闪亮晶晶，满天都是小____。"不呈现图片。
  纳丹："星星。"
  教师：接着唱下一句："挂在天空放光明，好像许多小____。"

你可以把同样的流程运用在一些童谣（例如，"一只小青____，呱____"）或其他常见的有趣活动中（跳跳床、洗洗手）。使用接唱的方式可以帮助孩子在玩乐中加深对语言的印象。对于使用手语的孩子来说，用他们已经学会的手势（已掌握的要求）来做这个将会更有帮助。比如，孩子会打"球"，那么他想玩球的时候，你就可以开始一个初级的交互式语言填空练习："拍拍____"；或者孩子喜欢泡泡，你就可以说"吹泡____"，让孩子打出"泡"这个字。

你一定想知道如何将这些转换成有意义的对话，不过现在还没到时候，这只是个起点。如果孩子可以唱出歌里的句子，对于接唱也已相当熟练，你就可以准备进入下一个阶段。看看已掌握的命名清单，从中准备接下来的交互式语言教学。

命名清单中应该有很多已经知道的命名物，包括床、猫、铅笔和比萨等，你可以从这些命名物的特征或功能着手，把命名能力用在教他叙述物品的特征、功能或类别上。具体的方法是描述性的陈述，将这些目标物名词放在句子的最后，"你最爱吃____"，孩子应回应"比萨"，或是"会喵喵叫的是____"，我们期待的反应是"猫"。

在这个阶段，你应挑选那些可以用图片进行辅助的名词进行教学。这是很重要的，因为你可以轻易地用笔的图片来辅助"可拿来写字的是____"这个陈述，而要找到"笔可以用来____"这句话的辅助实在太难了。

大多数孩子无法回答 5W 问句，如"你睡在哪里？"直到他们能把这句话补充完整（"你睡在____"）。在孩子能够完成这些简单的接话、填空后，你才可以渐褪视觉辅助，并将这个技能转换到更难的"在哪里、什么、谁"之类引导的疑问句中。

以下是科林从简单的填空接话转换到回答 5W 问句的几个例子，是一段真正的交互式对话，没有任何视觉辅助线索。

教师："你睡在____。"

科林："床。"

教师："很好，哪里可以睡觉？"

科林："床。"

教师："喝水用____。"

科林："杯子。"

教师："很好，什么可以拿来喝水？"

科林："杯子。"

在使用一个名词之前，你必须确保孩子已经能够流畅地用这个词汇命名了；如果孩子无法命名"小汽车"，那么对于"有轮子的是____"这个问题就会困惑或没有反应。

我是当年走了冤枉路才学到这个教训的。我教卢卡斯回答"什么东西有翅膀？"答案是"飞机"。几个月后，我指着真的飞机的翅膀问卢卡斯这是飞机的什么部分，他无法回答，那时我才意识到自己犯了一个教学上的错误，因为卢卡斯并不会命名翅膀。

要孩子记住那些对他来说缺乏意义且在他的世界里没有实用功能的句子是没有意义的。要牢记，你应该在教他命名该物品及其相关特征之后，再在没有物品呈现的情况下，教他学习交互式语言的问答技能。

我曾经在教室中看到学生被问这样的问题"有刷毛的东西是____"，答案应该是"扫帚"。不光那个孩子看到真正的扫帚上的刷毛时无法命名，当时班上的普通孩子也只有少数几个能正确命名。

如果你正在教一个语言能力只相当于3岁水平的10岁孩子，那么请教他适合普通幼儿的命名与交互式语言问答。在教他交互式语言时，你必须记得持续练习命名能力，否则，命名能力可能会丧失。当听到孩子用"喵"来呼喊一只猫或者看到比萨的图片说的却是"吃比萨"时，你应该意识到他的某些命名能力掌握得还不熟练。这时，你需退一步，只训练他的命名能力，暂停那个使他的命名技能受干扰而减退的交互式语言训练，这才是可取的做法。

回答"你上个周末在做什么？"或"你今天在学校做什么？"这种问题是更高级的交互式语言技能，更复杂，也更难教。如果孩子已经达到可以学习这个技能的阶段，那我可以提供一些方向。

第一，不要问他你不知道答案的问题。你应该跟老师一起想一个办法，以便得知孩子当天在学校做了什么，这样才能在必要时给予辅助。

第二，一旦孩子掌握了基本的交互式语言技能，你就可以利用他喜爱的DVD或图书来帮助他练习更高级的交互式语言，你可以暂停播放DVD或合上书本，问一些5W问句，如"伍迪在哪里？"或"他在做什么？"

第三，我在卡蓬博士的治疗室里学到，教高级的命名与交互式语言的关键是暂缓给予直接辅助。你希望孩子学会在碰到问题时想办法去解决，且有能力给出灵活的答案。当看到电影《玩具总动员》中的伍迪在床底下时，你问"伍迪在哪里？"孩子没有反应或说"我不知道"，这时，你可以指着床问"这是什么？"而不是给他"在床底下"的辅助。然后孩子可能会说"床"，你就说"没错，所以伍迪在哪里？"并指着伍迪在床下的位置。等孩子能够成功地对着影片回答问题了，你才可以让他回答没有视觉刺激的交互式语言问题。学会这个技能特别难。不要轻易地试图教更高级的命名和交互式语言技能，一定要在孩子能够流畅地使用介词，并且会命名电影或书本里所有的物品、活动、角色之后，再尝试那样做。

至此，你已了解语言行为教学的基础元素了，该是将它们整合起来，为孩子专门设计出教学计划的时候了。

第十章　综合设计教学计划

现在你已经掌握了应用行为分析和语言行为的原理，如果你是家长，你应该能够为自己的孩子量身设计出一套明确的课程了；如果你是专业教师，那么你应该能够为所有的学生设计出课程。

我建议以缓慢而轻松的方式，将本书中所有章节提到的方法融入日常生活（自然环境）之中，然后开始密集教学课程。

在自然环境中实施 ABA/VB

我在家长那里听到的最大的抱怨是他们不想如此费力地参与孩子的治疗。他们说："我只想当一个家长，我不想当孩子的治疗师或老师。"我告诉他们，教育是**所有父母**的分内之事。对普通孩子来说，家长是第一任也是最好的老师，对孤独症孩子或有其他特定缺陷的孩子来说，则更是如此。若没有精细的指导，这些孩子就无法学好，所以，你不可以袖手旁观，"只当一个家长"。

我们的孩子不是只在学习课程的时候才需要上百次的重复，而是随时需要错误纠正程序。如果错误或问题行为得到任何形式的强化，那么它再次发生的概率就会增加，孩子就很难取得进步。课程的一致性是教孩子学习的基本要点。

这就是为什么当有人问到孩子一天应该接受多少小时的应用行为分析或语言行为教学时，我的答案总是"几乎他醒着的全部时间"。

别紧张！这并不意味着你需要请人到家中每天工作 24 小时，或每周在治疗室中度过 100 小时，但它确实意味着每周需要花很多时间进行密集教学课程。同样重要的是，每一位家长和陪伴者都应该了解应用行为分析和语言行为的原理，就算是去一趟杂货店，都可以是一个教学经验，这些日常生活中的干预和孩子接受专业治疗师的课程是同样重要的。

"自然环境教学"（Natural Environment Teaching, NET）是一种比较特殊的教学形式，包括详细的计划、有指导的练习以及行为数据的收集，等等，但这些都发生在孩子所处的自然环境而非治疗室中。关于在自然环境中纳入语言行为教学，需强调的是，它应该时刻伴随着孩子的日常生活。你会同时需要自然环境教学和密集回合教学（Intensive Trial Teaching, ITT）来开展课程。

你首先要营造家庭环境，以便将语言行为方法融入日常生活之中。

与有发展性障碍或语言缺陷的孩子一起生活的成人都应该贯彻语言行为教学策略。大家的一致性越高，孩子的表现就越好。你需要向孩子生活中的所有人解释你的策略，这些人包括父母、祖父母、保姆、治疗师及老师。

本书前面的章节已经详细解释过各种概念，这里再强调几个要点。

1. 给予孩子更多的鼓励，给予八次鼓励，才可以给予一次批评或纠错式回应。
2. 采用简单的、可被辅助或完整跟进的指令，这样能减少给孩子的命令。
3. 总是温柔地对待孩子，避免通过喊叫或肢体力量来使孩子顺从。
4. 限制叫他名字的次数，尤其是命令他或向他说"不"的时候。
5. 确定可用的强化物，保证能报出它的名称2~3次，每一次孩子都能得到这个强化物（使用口语，若孩子没有口语，就用口语加上手势）。
6. 在日常生活中，总是用一两个字的词汇来命名事物，语势增强些，语速放缓些，语气活泼些（比如，你和孩子上楼梯的时候说"上！上！上！"）。
7. 不要以放弃任务来回应孩子的问题行为，也不要在问题行为已发生的情况下让孩子得到强化物。让孩子明白，问题行为并不能使他得到想要的东西。
8. 随时进行错误纠正、辅助并做转换回合。每一次辅助孩子回答问题或纠正他说的话之后，都要确保能够再次向他提问，以得到他更独立的正确回应。

只要在日常生活中按照这八条建议去做，你很快就会看到孩子的改变。当你看到他变得越来越开心，越来越听话，你也会感觉越来越好。这八条建议是很好的起点，虽然它们不需要搜集数据或记录，但是它们都已有几十年的应用行为分析研究支持。

如果你能将语言行为的这些教学策略融入生活中，那你就在行为疗法这条路上走对了方向。

开始治疗课程

你可能是一位愿意参与一天 2 小时密集教学的家长，或是一位被雇用每天做 3 小时语言行为干预的行为治疗师，或是一位每周见孩子 30 分钟的语言治疗师。无论哪种情况，在开始语言行为教学之前，你都需要一些引导，以建立起你的密集教学课程。

你首先要看孩子目前的整体能力水平如何，这可以利用语言行为评估表（参看附录 2）来实现，你还需要了解哪些物品和活动对他有强化作用。尽可能争取所有能接触到孩子的成人们的帮助，以全面评估他目前的能力和可能的强化物。

搜集完资料后，你可以将自己与强化物、活动相匹配。慢慢地，将自己想象成一个宠爱孩子的奶奶，而非强迫他学习的推土机（如果需要回顾一下匹配的策略，请参看第四章）。

要开始教学了，你遇到的第一个麻烦可能就是问题行为。这是意料之中的，因为大多数刚开始接受课程的孩子在提要求方面都有困难，所以他们会用肢体行为来沟通。请在评估和处理问题行为时搜集一些数据（必要时可参看第二章），并设计一项行为干预计划。在语言行为课程中继续追踪问题行为，并按照第二章所讲述的策略来降低行为问题发生的频率。若在课程中持续看到问题行为，则可以考虑向具有认证资格的行为分析师咨询，他能就这些技能引导你。这样的行为评估将会持续进行，因为新的问题行为在以后的教学中可能还会出现。

遵照策略来处理行为问题，然后开始你的"提要求"课程。第五章已完整介绍了"提要求"的教学，但要在语言行为课程中进行提要求教学回合，你还需知道一些额外的小诀窍。你应该在一天中制造上百个机会，让孩子去提要求，并自然地加入指令，以确保孩子不知道他正在执行任务。提要求课程不该在密集回合教学中进行，而应在自然环境中进行。

这是什么意思呢？不同的语言行为咨询师对此的见解其实略有不同，但我相信只要在课程进行中看到孩子出现某种动因，即便正坐在课桌前（常见于密集回合教学），也可视为自然环境教学。因为提要求的本质就是在自然环境教学中发生的，而且提要求与动因有关。

密集回合教学通常在桌面进行，步调快，而且课程中有明确的教学目标以及它们的穿插变化，有数据记录，有可变比率强化程序表，等等，相比于自然环境教学，密集回合教学看上去更像在上课。但只要教学方式符合标准，密集回合教学课程也可以在地板上、户外的野餐桌或厨房的料理台上进行，而且密集回合教学课程通常可在孩子没有提要求的情况下开展。

虽然两种教学方式的比例可能不同，但都是所有上语言课程的孩子需要的。课程刚开始时，几乎所有的教学都是自然环境教学，但这对年龄较大、已在上学的儿童来说会比较困难，因为很多内容都是在非游戏的环境中进行的。如果一个孩子大多数时候可以坐在座位上学习，那就应该确保治疗师或老师能提供给孩子大量的强化物，因为你不想看到一个总是想要去找强化物而离开座位的孩子。我建议在课桌上放置一个小的电视、DVD 或录像机，把它们和其他物品、食物和活动结合起来，这样可以使这个课桌具有很强的强化作用。不管你如何布置学习区，切记，你应该总能让孩子开心地跑向学习区。

自然环境教学同样要有计划、有目的，且能够抓住并创造动因。它包括促使孩子提要求，帮孩子加入简单的交互式语言，并练习泛化命名。比如，你有一套橡皮泥玩具，可以让孩子要求打开罐子；然后用橡皮泥做一条蛇，让孩子命名"蛇"；最后让孩子接话"蛇的声音是＿＿"。

我培训的治疗师中大多数认为自然环境教学比较难进行，如果治疗师没有掌握语言行为基础的话，那就更是如此。就算自然教学是建立在游戏的基础上的，也仍然需要做到准确。在自然环境教学里，创意是不可或缺的。如果每天都拿出一样的橡皮泥玩具，做的都是一条蛇，那么孩子非常有可能因为单调沉闷而发展出机械式的反应。

自然环境活动也需要调动孩子的动因以及可变比率强化程序表。好的自然环境教学看起来就像一个成人和一个孩子正在开心地玩乐。如果孩子习惯自己玩她的娃娃屋，而你一屁股坐在她旁边就开始提问、发指令，那么你的出现很可能会让她感到厌恶，这样会造成反作用，因为娃娃屋可能会因此而失去它作为强化物的地位。

密集教学课程

人们印象中的语言行为治疗大都是步调快速的密集教学课程，这是正确的，但只有在你已经完全建立了语言行为方法的基础之后，你才能进行密集回合教学。若你想在没有应用行为分析和语言行为背景知识的情况下进行密集回合教学，不出错是不太可能的。

密集教学很重要。为了使我们的孩子取得明显的进步，我们每天都要为他们开展大量的密集教学。你也许可以自己做密集回合教学，但如果有可能，最好还是在这个领域投入金钱。这部分的语言行为干预需要个别化，需要随着孩子的进步而调整，这需要投资。

开始密集教学课程

你先看看一天之中需要花多少时间在桌子上进行密集教学课程，当卢卡斯在2000年从洛瓦斯/ABA课程转换到语言行为课程时，他已经习惯了在桌子上度过漫长的学习时间。当时他进入幼儿园已有2年，并且静坐行为良好，很喜欢坐在桌旁学习。

开展密集教学前，重要的是，你要确保那张课桌已经和强化物匹配良好。将电视/DVD装好并将其他强化物放在他伸手可及之处。你可以一边把课桌和强化作用相匹配，一边开始在密集教学课程中进行接受、模仿及视觉执行任务。有的孩子在拼图的时候需要音乐或电视继续播放，否则他会觉得那个乐趣一消失，任务和要求马上就会跟进。很少有孩子在强化物被突然拿走、任务指令马上出现时，还能感觉良好。

给他糖果时渐渐地关掉电视，然后再将电视打开，然后再关掉电视，让他就一部影片提要求，再打开电视。接着，关掉电视，要求他做一个简单的模仿技能，再打开电视。

这么做，你就能够增加可变强化的比率，并开始实施真正的密集教学课程。

为了恰当地实施密集教学课程，你需要做到井然有序，教学目标、教材及数据记录表都要准备好，而且一定要精通"坐在椅子上的能力"。

整理目标、数据及教材是比较简单的工作，因为这些可以在晚上孩子睡觉时做好

（如果你是专业人士，请在孩子到校前准备妥当）。

以下是准备的具体步骤。

步骤一

评估孩子。没有评估，你就无法知道需要什么教材、目标或记录表格。语言行为评估表（附录2）可以帮你做到。

当你进行评估时，很重要的是，你要记下孩子已经知道什么和尚不知道什么。方法是使用附录4的技能追踪记录表，记录每一个你要实施的课程，评估，同时进行追踪。我在做课程咨询时，不时能看到治疗师在给孩子做的"基本语言和学习技能评估"（ABLLS）中记录了这个孩子会50种命名，但他却没有记录他会的是哪些，不会的又是哪些。如果你记下这些细节，你就会使设计一套课程变得更加简单。

我建议针对每一项技能都做追踪表，并在日期栏上做记号以指出哪个是先前已熟练掌握的技能。也要在这张纸上列出还未熟练掌握的技能，以帮助你选择教学目标。将这些技能追踪记录表归整到文件夹中并贴上标签，以便查阅接受、命名、交互式语言等不同技能的进展。在这个语言行为数据夹中，还应有一份评估表、强化物调查表、行为数据以及填好的试探记录表。

这里有一些课程样例，每个项目都有单独的记录表，我向刚开始实施语言行为课程的初学者推荐以下课程样例。注意，每个课程项目都要有单独的记录表。

接受性指令（拍手）

接受性指认身体部位（摸头）

接受性辨识（摸牛）

玩具模仿（前后移动汽车）

动作模仿（这样做……拍手——勿说"拍手"）

实物配对（实物配实物……猪）

图片配对（图片配图片……糖果）

命名（3组，实物、图片，并泛化到3个图片）

仿说（说"球"）

交互式语言填空（一闪一闪____）

步骤二

在每个项目课程中，选择 2~3 个内容目标，并将这些目标写在周试探记录表上（参看附录 5 的样例）。我建议将周试探记录表及任何日记录纸（提要求记录表、表 5.1、ABC 数据、表 2.1）都夹在板夹上，以方便每天记录。选好前面几个目标后，在技能追踪表上标出这些目标开始的日期。

步骤三

我试用过几种整理系统，发现最好的整理方式是已掌握物品卡片系统。尽早开始使用这个系统，每有一个目标通过，就将其放进去，这应该是很好用的。你可以将孩子已掌握的各个技能分别写在不同的索引卡上。有些咨询师建议不同的语言操作使用不同颜色的索引卡。例如，将所有的接受性指令（比如，接受性指认身体部位）写在粉红色卡片上，将所有的交互式语言写在紫色卡片上。如果开始时只用白色卡片，那么之后在卡片右下角贴上不同颜色的贴纸做颜色代码也很不错。

卡片系统很重要，因为当孩子习得了技能时，你很难将他全部熟练掌握的项目都记在脑中。如果只记在脑中，可能会导致孩子缺乏对某些技能的练习，因为你正频繁地训练他早已掌握的技能，如"摸头""鼻子在哪里"，却忘记了该更多地练习更高级的技能，如"睡觉要睡在____"，后者对孩子才更有帮助。

这个技能更加复杂，用它可以引导出其他技能，如"告诉我一种家具"或"告诉我什么东西是软的"。

用闪卡来做简单命名也很好，而且整理和使用都很方便。图片本身即是辅助，所以教师只需说："这是什么？"

将已掌握的命名技能列入索引卡后，练习其他技能如"拍手"和"这样做"（将双手举至头上）就比较容易了。在一张卡片上只写一种技能（参看表 10.1）。命名实物也较为简单，例如，如果房间里有实物电视，那么教师的命名索引卡要记录清楚"这是什么？"（真的电视）。

表 10.1　熟悉物索引卡样例

摸鼻子	拍手	说"香蕉"
这是什么？（耳朵）	你住哪里？中正路	做这个（拍手）
我在做什么？（敲敲）	轮子在（公交车上）	一闪一闪（亮晶晶）

将所有已掌握项目的卡片系统和孩子会命名的图片一起放置在塑料盒或鞋盒中，将盒子标为"已掌握"。

随后，从每个项目中抽出 2~3 个未掌握的技能作为目标，写在它的索引卡上，将目标技能放在和熟练掌握的技能的卡片颜色不同的卡片上，并将新增的索引卡单独放在另外的相似的盒子里。

将所有教材放在一个透明的、带滚轮的整理箱里，并将整理箱和教材标示清楚，让所有了解语言行为课程的治疗师都能实施你的课程。即使你是孩子的主管教师，孩子也应有不止一位治疗师开展课程，所以整理得越清楚越好。

步骤四

你需要追踪每周学习掌握的新目标。对大多数孩子来说，连续 3 天在试探之下得到 3 个"Y"（yes），这个技能就被视为已掌握。此时，在试探记录表上将这个项目标示为"已掌握"（参看附录 5）。然后更新技能追踪表，并在项目旁写下习得的日期。最后，将已掌握的目标写在已掌握索引卡上，放入已掌握盒中。由于每周都要移除熟悉的目标并把新的加进去，所以每周都要重写目标试探表。

每天花几分钟整理教材，你会为此感到高兴。此外，每周五下午或周一早晨花一个小时（或更少）重写试探表，选择新目标并收集新教具。

组织得好会让教学更顺畅，然后你就可以开始进行"椅子上的技能"。

在密集回合教学开始的时候，它看起来很像在提要求课程中穿插了几个简单指令。即便是在自然环境中开展密集回合课程，也应该完成教学目标的试探。你可以趁孩子荡秋千、在沙盒里玩耍或你正在吃午餐时做试探工作。

加入更多的任务指令并加大孩子的可变强化比率，使孩子在得到强化之前能完成更多的任务，但不可进行得太快，过快会导致行为问题在课程进行中随时出现。

难易项目的混合

我已经说过很多次了，应该从容易的几项要求开始，但这到底意味着什么呢？从已掌握盒里拿出一沓已掌握的项目和一沓未掌握的项目，在课程中穿插使用。先使用已掌握的字词，然后偶尔加入一些对尚未掌握的项目所做的尝试。对所有新目标都应从零秒辅助开始，然后是一个转换回合，尽可能地减少辅助。简单项目与困难项目的比例可以从 80 : 20 逐渐过渡到 50 : 50。不过，比这个比例更重要的是可变强化比率一定要保持在非常低的水平。

混合和变化语言操作项目

开展密集教学课程时，应灵活地混合各项口语和非口语操作项目（配对技能除外）。开始可以是"摸鼻子"的任务，然后将几张图片放在桌上，叫孩子去"摸卡车"，此时，你不妨指着椅子的图片说"这是什么？"最后可以练习一个包含示范辅助的模仿技能，在孩子做出一个独立反应后，以给予强化作为结束。

快速指令

我一开始看语言行为教学时，最感震撼的在于它进行的速度。当一位技术娴熟的语言行为治疗师给一名程度处于中等水平的学生上课时，如果他的可变比率是 10，那么每分钟的反应可能多达 20~25 个。既要混合穿插各个教学项目，又要结合快速指令，兼顾难易项目的搭配，还必须预防错误并恰当地纠正所有错误，这似乎是不可能做到的，但我确信，只要练习，你就能做到。

要想将各种教学技能很好地结合在一起，练习时，你的旁边最好有具备语言行为经验的人，能对教学提出意见。如果你不认识这样的人，那么就找两三个有心一起学习的人，如孩子的陪护者及其他治疗师，可以互相观摩，互相指导，直到你对教学过程非常熟练为止。

下面举几个例子，这是由一位技术娴熟的语言行为治疗师主导的一段经典的 5 分钟密集教学，他在每一组教学单元① 中间都穿插着一小段强化。

他将梅甘的可变强化比率设定为 5，即平均每 5 个任务会有一段强化（用以预防或纠正错误的转换回合被视为一个任务回合）。这个课程的目标技能为命名小汽车、鞋和模仿拍手、举双手，还有接唱《一闪一闪亮晶晶》。在课程进行中，其余的练习技能是梅甘已掌握的项目。

楷体部分为教师的指令，黑体部分为梅甘的反应。

第一组教学单元

这是什么？**杯子**（已掌握）。

这是什么？**泡泡**（已掌握）。

很好，这是什么？鞋（零秒辅助）。**鞋**（辅助下正确反应）。

对，这是什么？（转换回合，无辅助）。**鞋**（无辅助下正确反应，在 3 个正确反应后给予糖果和表扬作为强化）。

第二组教学单元

我们来唱歌，一闪一闪亮晶____（零秒部分口语辅助）。**亮晶晶**（辅助下正确反应）。好棒，我们再试一次，一闪一闪____（转换回合，无辅助）。**亮晶晶**。

太棒了！这是什么？**床**（已掌握）。

这是什么？**鞋**。很好，泡泡来了（在 4 个正确反应后给予强化）。

第三组教学单元

说球。**球**（已掌握的仿说）。

这是什么？**椅子**（已掌握）。

这样做（拍手，然后推梅甘的肘部以辅助她）。**拍手**（部分肢体辅助下正确反应）。很好，拍手。**拍手**（转换回合，无辅助）。**拍手**（无辅助下正确反应）。

这是什么？**糖果**（已掌握）。

说猫咪。**猫咪**（已掌握的仿说）。

---

① 编注：教学单元（run-through），这里指连续地将相关的多项任务串在一起的一组教学过程。

这样做（同时拍手）。**拍手**（有干扰，但随后正确反应）。（在 6 个正确反应后，梅甘得到 30 秒海绵宝宝影片作为强化。）

第四组教学单元

这是什么？小＿＿＿（零秒口语辅助）。**小汽车**（部分辅助下正确反应）。对，这是什么？**卡车**（转换回合，出现错误反应）。这是什么？小汽车（重复问题并全口语辅助）。**小汽车**（全口语辅助下正确反应）。对，这是什么？小汽＿＿＿（转换回合，部分口语辅助）。**汽车**（部分口语辅助下正确反应）。

这样做（同时拍手）。**拍手**（无辅助）。

很好，这样做（将双手举至头上，同时立即给予全肢体辅助）。**双手举至头上**（零秒辅助下正确反应）。很好，这样做（双手举至头上）。**双手举至头上**（无辅助下正确反应）。

很棒！这样做（同时拍手）。**拍手**。

太厉害了！（4 个正确反应后打开海绵宝宝影片作为强化。）

计算一下上述 5 分钟课程中的可变强化比率，先将每一组教学单元中的正确反应加在一起，共 4 个教学单元，所以除以 4。即（3 + 4 + 6 + 4 = 17）÷ 4 = 4.2。不必担心可变强化比率没有刚好等于 5，这只是课程中的一小部分。每隔一段时间计算一次可变强化比率，确保你正确地执行了它。我曾经见过有人在一个课程中将可变强化比率预定为 7，但在 25 项要求之后孩子才得到强化。所以，你可以请一个成人监督你（或自己录像），以便每隔一段时间追踪你的次数。要确保不偏离可变强化比率，就要花一些时间做记录。

开始时**不要**太在意提高速度。要想练习更复杂的密集教学技能，你首先应关注的是如何应对错误反应、如何辅助，以及如何渐褪辅助，如同你刚学开车或刚学吉他时，你须思考每个动作，觉得自己的动作很笨拙或太缓慢。事实的确如此，在熟悉车上的每一样操控装置之前，不会想要把车开到时速 70 英里[①]以上。密集教学也一样，经过练习和得到观察指导的反馈，速度就会加快。

---

① 译注：美国高速公路限速一般为 65 英里。1 英里约等于 1.61 公里。

熟练掌握并不能确保你永不出错，密集教学技能也是逐渐发展的，不要给自己太大压力，追求完美。请给自己设立可实现的目标，有疑惑的时候，跟扮演孩子的成人多多练习，录下课程之后分析出错的地方。

你和孩子的技术都会进步。

至此，我希望你已经学会了如何开始、如何设计出能提高孩子的语言技能并减少问题行为的 ABA/VB 课程。接下来，我们要利用行为疗法来提高孩子的生活自理技能，例如，穿衣和如厕。

第十一章　如厕和其他生活自理能力的教学

语言发育迟缓只是父母所关心的众多问题中的一个。发育迟缓儿童也会缺乏生活自理能力或掌握生活自理能力较慢，例如，如厕和穿衣等技能。你前面学到的帮助孩子沟通的方法，同样可以运用在教孩子这些重要的生活自理能力上。

如厕技能

带过幼儿的父母都清楚为什么需要做如厕训练。随着年龄的增长，如果孩子缺乏这方面技能，此项训练的重要性就更加明显。缺乏此技能会导致他们更难被社会接纳，而且尿湿和弄脏衣服都会浪费大量的时间、精力和资源，普通孩子使用 3 年尿布和湿纸巾，这笔费用已经很高昂了，而对于已经 12 岁却还没有学会自己上厕所的孩子来说，那样的花费是极其不值得的，把金钱花在训练孩子的语言和学业上会更好。此外，适合大龄孩子的尿布很难买到，如游泳时穿的尿布和一次性尿布，而换尿布的时间更应该被用来训练其他的重要技能。

最后，可能也是最重要的一点是，缺少如厕训练肯定会影响入托和入学的选择范围。一般的幼儿园通常只接受会自己上厕所的孩子，很多年幼的孩子仅仅因为不会如厕就无法进入普通学校或某些班级。这样的问题随着孩子年龄增长，会变得更加难以解决。

这些孩子也会面临不被社会接纳的困境，孩子四五岁以后如果在公共场合发生大小便的意外，会很容易被同伴排斥。这种情况往往会影响到整个家庭，孩子的兄弟姐妹也会因此被嘲笑。

长期以来，专家们都说孤独症人士是最难接受如厕训练的，因为很多传统的如厕训练方法都对他们无效。我认同训练孤独症孩子如厕是困难的，但它并非不可实现。1974年出版的《一天内完成如厕训练》（*Toilet Training in Less Than a Day*, Dr. Nathan Azrin, Dr. Richard Foxx）一书中提到，即使是智力水平很低（智商只有30）的孩子在5岁时也可以成功地完成如厕训练。

很多书都在谈如厕问题，但没有一本是专门使用行为策略训练孤独症孩子如厕的。我综合了6本书里提到的技巧，设计了一项训练孤独症孩子如厕的计划，其中我最爱的3本书分别为《一天内完成如厕训练》《训练发展性障碍人士如厕》（*Toilet Training Persons with Developmental Disabilities*, Foxx & Azrin, 1973）和《重度障碍儿童的如厕训练》（*Toilet Training for Children with Severe Handicaps*, Dunlap, Koegel & Koegel, 1984）。

首先，你必须确定孩子已做好学习这项技能的准备。除了孩子的生理年龄外，还要考虑他的发育年龄。如果你有一个3岁的孩子，而他的发育年龄只有18个月，那训练如厕对他来说可能还太早。如果孩子已经5岁了，且表现出18个月的功能水平，那就应该开始训练。其他需要问的包括：尿布湿了或脏了时，孩子会注意或表达吗？孩子是否表现出对马桶、洗手或穿脱衣物的兴趣？孩子是否会从你身边走开或躲起来排便？最后，孩子的排便时间是否有规律，且不会在夜晚睡觉时排便？针对以上问题，若大部分答案为"是"，那么孩子就很可能已经做好接受如厕训练的准备了。

训练的时间点也很重要。如果孩子刚被确诊为孤独症，那么语言训练，尤其是训练他提要求，永远是首要之务。制订一项好的正向行为计划，在实施中没有任何负强化或不好的结果，就可以开始做如厕训练了。

另外，不要在计划搬家、有新生儿或其他即将来临的大变动的时候做如厕训练。在任何有压力的情况下训练孩子如厕都是困难的。在不适当的时间开始如厕训练，通常会导致退步。

准备开始时就应该确保能够持续进行这项训练，直到成功的那一天。你需要至少整整2周的时间待在家中训练这个技能，并且几乎将全部精力集中在如厕训练上，还要确保之后的3个月家里不会发生重大变故。我看到过很多家庭在开始如厕训练时没有规划好足够的时间，而选择了一个"错误的起始点"。一旦开始了一项计划，你就必须持续进行，若发现这样很困难（的确很难），那在未来的一年或两年内只会更困难。

如果还没准备好开始正式的如厕训练，那么你可以预先实施以下步骤，它会对之后开始的如厕训练有所帮助。首先，经常帮孩子换尿布，让他总是感觉干干的。买一把小的如厕椅或一个可以放置在马桶上的如厕环（给3岁以下的孩子）。如果孩子年龄较大或体形较大，那么直接使用普通的马桶即可。每天早上和洗澡的时候，让孩子坐在如厕椅上看看会发生什么。对有些孩子，仅叫他坐在马桶上，就需要给予很多奖赏，所以你要先准备好强化物，要把如厕和强化相匹配。如果孩子把尿或大便排在马桶里，那么你要给他极高效力的强化！如果是训练男孩，那么开始时应让他坐在马桶上排尿，直到他能够完全控制排便，再鼓励他站着尿。排便有时只是当孩子已习惯坐在马桶上时，意料之外的、顺带发生的事。有些孤独症孩子可以通过模仿他们的父亲而学会站着排尿，但他们没有真的学会坐在马桶上排便。

选择好用哪些词汇描述与排便相关的身体功能，将选好的词汇告知孩子的保姆或老师，你必须保证所有人都使用一样的词汇。选择词汇时，要考虑到确保孩子大一些时还可以使用，所以使用"厕所"好过使用"小马桶"，"尿尿"好过"嘘嘘"。

最后，在正式开始前，你应该花几天时间观察和记录孩子排便的时间。大多数孩子排便的时间还算固定，身体的反应（肠子的蠕动）发生在起床后的15分钟或饭后的15分钟，那时才会有想排便的感觉。记录孩子吃饭和起床的时间，看是否有规律可循。

白天的排尿训练

准备好开展如厕训练了，在开始阶段，你应先做白天的排尿训练。有的孩子可以坐到马桶上尿，但在尿之前，他们不会表达出要去厕所的意思。如果不提供如厕的作息时间安排，他们就会尿裤子，这是很普遍的现象。按照时间表排尿是首先需要掌握的技能。制订一项如厕计划，老师、孩子的照顾者和父母都要步调一致地执行，一致地给予强化物、处理尿裤子等意外，并做好如厕的记录。

如厕计划中选用的强化物应该是即时的、具体的、对孩子有激励作用的。不要使用很久以后才能得到的强化物。孤独症孩子通常不会因"如果你这一周都把尿尿在马桶里，我就给你买一个小火车"这种话而产生动因。

有时，贴纸表可以起到很大的作用。孩子在每一次成功如厕后贴一张贴纸，在达到事先计划好的贴纸数目后，可以得到一个玩具或特殊的奖赏。如果你无法确定孩子是否会对这种代币制度产生良好的反应，那就不要使用，而要选择即时的强化物来取代它。

在应用行为分析的全部领域，强化物都是强有力的工具。只是简单地说"很棒"并不足以让孩子愿意舍弃尿布。如果孩子已经开始接受应用行为分析/语言行为的训练了，你就选择一个只在如厕训练时使用的特殊强化物，如某些特别的糖果或特别的录像带。我接触过的一个孩子的强化物是折叠伞。工作人员告诉我，这个孩子喜欢下雨天，因为大家都带雨伞进入教室，而他喜欢把雨伞放在头上转动。既然如厕训练是一项困难的工作，那你就应选取孩子酷爱但又不能经常接触到的东西或活动作为强化物。

我建议每一个训练孩子如厕的人都去一元商店买一些东西，并把它们放进"如厕袋"中，当孩子成功地在马桶里排尿时，让他自己从袋中选一样东西。开始时，对于每一次的成功，你都要给予强化，之后要能做到逐渐渐褪，渐褪到一整天或一周都成功了，才让他从袋中选取一个东西。

在训练孩子如厕的开始阶段，你可让他只穿内裤。根据我的经验，尿布和尿裤都会妨碍如厕训练，因为它会使孩子感觉不到湿，也无法让你及时注意到意外的发生。

在家中进行如厕训练应该是比较理想的，因为孩子可以只穿内裤，而你也可以很快发现他是否尿湿了裤子。如果孩子必须穿上裤子，那你也得确定裤头用的是松紧带，不要有纽扣、按扣或皮带等不易穿脱的东西。如果孩子去上学或你们必须去餐馆或商店，那你就帮他在内裤外面套上训练尿布或塑料裤，这样，当孩子尿湿裤子时仍然会有感觉。

如果你想在如厕训练中仍让孩子定时穿尿布，那么你可以买一个警示器，把它夹在尿布里，当尿布湿了的时候，它会提醒你和孩子（可以在 www.thepottystore.com 网站[①]上购买这种警示器）。关于孩子睡觉时（包括午睡）的排尿训练，后面才会教到，所以目前他睡觉时可用尿布。但不要在睡前两小时就帮孩子穿上尿布，因为孩子有可能会在这么长的时间里把尿尿在尿布上。孩子一旦醒来，你就应马上让他去坐马桶，因为这个时候如厕成功的机会最大。

孩子用完马桶后（即使没有成功地尿在马桶里），你要确保他能正确地把自己擦干

---

① 原注：该网站提供各种不同的训练工具和图表。

净,穿好裤子,然后洗手,必要时,父母可以在旁边协助。教孩子把裤子脱到脚踝,但不要完全脱掉,完全脱掉是一个很难改变的习惯。鼓励孩子在整个如厕过程中尽可能地独立完成。

下面是正式的如厕训练的 5 个基本步骤,很多书中都有相关描述,包括《一天内完成如厕训练》和《重度障碍儿童的如厕训练》。

1. 额外的水。给孩子较咸的食物和额外的水(每天 8~10 杯水)以增加他如厕的次数。确保孩子在一天内分散喝下这么多水,例如,1 小时 4 盎司[①],这样,你会更容易预测他想上厕所的时间。如果不定时地叫孩子喝 20 盎司的水,那会导致他想上厕所的时间太不规律。

2. 如厕时间表。每小时至少一次或两次。告诉孩子"该上厕所了"(或其他话语),让他说或用手语打出"厕所",然后带他去。如果孩子这时有小便或大便,那么你一定要给予他很大的强化。一旦孩子开始自己去厕所,你就可以停止使用时间表了。

3. 干裤子检查。这个操作有两个目的。一个是及早注意到意外的发生,另一个则是让孩子因为裤子干而得到奖赏。询问孩子"你的裤子是干的吗?"然后让他在外面摸一下内裤的外层,这个操作的时间间隔可以从 5 分钟到 1 小时,根据孩子完成的程度进行调整。裤子干,那你应该用强化物奖励他。如果发现他的裤子湿了,则应该马上实施干裤子检查。

4. 尿湿裤子后的正向练习法。如厕训练专家理查德·福克斯博士指出,"正向练习法"在如厕训练的过程中是一个重要的步骤。正向练习法是指,你带着孩子快速地从尿裤子的现场走到厕所马桶边,再从厕所走回现场,连续走 5~10 个来回。

5. 资料记录。既要记录在马桶上成功如厕的次数,也要记录意外小便或大便发生的次数。这份记录可以帮你看出他排便的时间间隔以及他什么时候要排便。坚持记录有助于评估如厕计划的成效。

[①] 编注:1 盎司约等于 28.41 毫升(英制)或 29.57 毫升(美制)。

虽然正向练习法对包括卢卡斯在内的一些孩子是一项有效的程序，但我相信很多孩子不进行正向练习也能成功完成如厕训练。正向练习其实是一种过偿纠正，是一种有效的惩罚方式。但是，不要在如厕计划刚开始实施时就使用正向练习。你应该先尝试使用如厕时间表，看看效果，实施正强化训练计划，而上述的正向练习有可能带有负向结果。如果孩子个子太大，可能会挣扎抵抗，或者在校期间的重复惩罚使他产生较强的羞辱感，那么正向练习法可能就不好用了。

在你的如厕计划中，你必须把各项程序讲解清楚，执行时根据需要加以调整。确保所有的执行者都能一致地执行相同的程序。如果你决定不使用正向练习法，那么当孩子出现如厕意外时，你必须能保持冷静，且态度坚定地针对意外本身做处理。不能笑或做出其他使孩子误认为你对他尿裤子感到高兴的行为。你应该做的只是辅助孩子换好衣裤，而不给他任何不必要的关注。

其他可尝试的方法

图片作息时间表对有些孩子会有效果，它能提示你关于孩子的日程安排，让你知道他何时需要去上厕所。如果使用图表，你需要加制一张厕所（马桶）的图片，好让孩子在非预定的时间也能表达上厕所的需求。

如果孩子只有有限的意识，那么你可以教他坐马桶时身体向前倾，或者轻轻压一压他的下腹部来协助他如厕。

对于站着或蹲着便在尿布里的孩子，你可以在他坐马桶时把一个小板凳放在他的双脚下，这样也能协助他如厕。这个办法也适用于坐马桶时双脚还接触不到地板的孩子。

有些孩子当穿上带有他们喜爱的人物角色图案的内裤时会有更好的如厕反应，这是因为他们不希望把那个角色图案弄湿。如果你的孩子不在意内裤是什么样子的，你就使用那种容易漂洗或可丢弃的便宜的白色内裤，可以避免一些麻烦。

如果孩子坐在马桶上的时间过长，计时器将是一个好工具。一个孩子如果没有排便，坐马桶的时间就不应该超过 5 分钟。

此外，你还必须在厕所中营造一种轻松的氛围，如果孩子在使用厕所时出现行为问题，那么这可能意味着厕所还没有与强化相匹配。这时，你需要退一步，只要孩子遵照作息时间进入厕所坐在马桶上,你就给予他很大的强化。

大便训练

一个自己会控制膀胱的孩子可能会在厕所小便的同时也排出大便(这也就是让男孩坐马桶小便,直到他可以完全控制排便的原因)。由于孩子做大便训练时不穿尿布或纸尿裤,意外地在裤子上大便会很难清理,所以如果孩子在马桶里排便,不论是有意的,还是不自主的,你都应该给予他非常强的强化。

如果在排尿训练完成后,大便意外仍持续发生,那么你就需要查看一下强化计划并确保强化仍然够强。进行排便训练时,使用孩子最渴望的强化物会使训练容易一些。如果还是失败,你就考虑采用正向练习法,即照正常程序清理完之后,带着孩子在意外发生的地方和厕所之间,连续走5~10个来回。

卢卡斯4岁半时,我们使用了正向练习法训练他的小便技能。他在一或两个月内就可以按照时间表排尿了,我们非常兴奋,但他还是会每天或每几天就在尿布上大便。他会趁我不注意时,躲到沙发后蹲下在内裤里大便。不用说,我感到非常沮丧。

三四个月后,这个情况仍未改善,于是,我给理查德·福克斯博士打电话,因为我以前见过他,希望他能帮助我脱离困境。他建议我去找一个卢卡斯强烈渴望得到的强化物,并在排便意外发生后进行正向训练。

后来,每当卢卡斯在马桶里大便时,我就立刻奖励他,开车带他去麦当劳,并且一路上不断地告诉他,他在马桶里大便让妈妈多么骄傲。此后,我只运用了一两次正向练习法,因为在跟福克斯博士谈完后的两天内,卢卡斯就完全学会了控制大小便。

夜间训练

完全训练好孩子白天的大小便后,你就可以开始做夜晚睡觉时的训练了。若你足够幸运,孩子会控制自己,不在睡觉时大小便,每天起床时尿布都是干的。

连续5天醒来时尿布都是干的,你就可以允许孩子只穿内裤睡觉。要有意外仍可能发生的心理准备,但放弃尿布是必要的。

如果孩子睡觉时不能保持尿布是干的，那么你可以使用一些策略。鼓励孩子在下午时多摄取水分，在睡前两小时内只给予少量的水。另外，要确保孩子有规律的睡觉时间和起床时间，但对于无法一觉睡到天亮的孤独症孩子，这样做是有困难的，那么如果孩子在夜晚醒来，你就一定要让他立刻去上厕所。

如果晚上睡觉时仍不断发生意外，那你应该先咨询医生，确认生理上没有异常。不要因夜晚发生的意外而责备、羞辱或惩罚孩子，因为孩子在睡觉时无法控制自己的膀胱。如果孩子在10岁以后仍然会在睡觉时发生意外，且已排除生理上的问题，那么你就需要考虑使用如厕警示器，并寻求如厕专家的帮助。

主动如厕的教学

很多人在孩子可以成功地按照作息时间表去上厕所后就停止如厕训练了。其实孩子可能并没有学会在没有辅助的情况下主动去上厕所。如果必须每隔一段时间就询问孩子是否需要去厕所，那就说明他的如厕训练还未完成，你的工作也还未结束。

同其他应用行为分析/语言行为的干预项目一样，你可以通过仔细地计划渐褪作息时间表之类的辅助来帮助孩子变得更独立，最后熟练掌握如厕技能。在你说"要去上厕所了"之后，孩子按照作息时间表去上厕所。此时，如果他使用手语或图片系统，那你要辅助他打出"厕所"；如果他有口语，那你要辅助他说出"马桶"或"厕所"等已选定的词汇。

你可以在孩子去厕所的途中阻挡他2~3次，用好玩的方式，耸耸肩，装糊涂，问孩子："你要去哪里？"让他说出或打出厕所。这就是在训练他提出上厕所的要求的能力，每一次他成功地提出上厕所的要求（无论是否在辅助下），你都一定要对这个行为给予强化。

一旦孩子可以遵照每小时作息时间表在马桶里小便，且连续两三天没有发生意外，你就可以将两次上厕所的间隔时间延长至90分钟。你要使用定时器，因为陪护者是不同的人，所以可能不清楚孩子前一次上厕所是什么时候。同样，如果孩子连续两三天没有发生意外，就再把时间延长到两个小时。如果随着间隔时间增长，意外增多，那就放慢增加两次如厕间隔时间的速度。

如果孩子想自发地如厕，他需要能感觉到小便的急迫性，因此，如厕的时间间隔必须依照小便的需求做调整。训练期间，你要确保教会孩子在他需要上厕所时告诉你，因为当你走出家门时，孩子需要你帮他找到一间厕所。

训练结束后如何处理意外事件

大多数孩子偶尔还是会发生如厕意外，这本不必过虑。但是，如果孩子发生意外的次数较多，那么你就必须立即找出原因，防止退步的发生。

首先，你应该看看他是不是生了病，如肠胃病或尿道炎。饮食上的改变也可能是意外发生次数增多的原因，像吃了较多的垃圾食品或食量的增加。生病吃药或饮食增多都可能导致大小便意外的发生。

你还应询问孩子的老师以了解他在学校的如厕表现。如果孩子可以主动去上厕所，而且在家里、学校和小区都能做到的话，他就不再需要任何种类的如厕时间表了。当孩子进入新学校或新班级时，例行的如厕时间一般会被安排在抵达学校时、点心时间、午餐时间和放学前。在这种环境中，一个完全训练好的孩子不会再接受"主动如厕"的练习，因为有了例行上厕所的时间，他就不再有机会产生排尿急迫感。那么发生意外的原因可能是肠胃不适或中午喝了太多果汁，以至于他必须在例行的时间以外去上厕所。在这种情况下，孩子就需要辅助了，因为此时他相当于要去学习遵守一个新的如厕时间表。

同样，平时不要总问孩子"你需要去厕所吗？"你应只在上长途车前或去游泳前才问这个问题，就像对待普通孩子一样。

如果你发现孩子每天在同一时间都会无明显原因地发生意外，那么你可以让他改在那个时间遵照新的作息时间表去上厕所。

卢卡斯去年夏天在游泳池游泳时，发生了几次排便意外。于是，我们让他在泳裤里穿上内裤，作为一层额外的防护，同时决定只在我们去游泳时遵照作息时间表带他上厕所。在他换泳衣前，我们让他坐在马桶上，然后每小时带他离开泳池去一次厕所。除了游泳的时候，其他时间，我们没有要求他遵照作息时间表，也不总问他是否需要上厕所。

需要花多长时间完成如厕训练

与普通孩子一样，完成如厕训练所需的时间因人而异。可能需要几天、几周，甚至几个月，但应该不至于花上几年时间。要想成功地完成如厕训练，就要采取科学的、有数据支撑的方法。无论如何，不要放弃！必要时，修正计划，而不要放弃。孩子需要这项至关重要的技能，而你可以帮助他实现这个目标。

其他生活自理技能的教学

洗手和穿衣的技能都很重要，而且与如厕训练有关。对于从洗手到把外套挂在学校的柜子里，到用叉子吃鸡肉或穿衣服等自理技能，都需要在语言技能之外进行单独教学。这些生活自理技能是多项技能串联在一起的综合能力。

我们光是教卢卡斯洗手就花了 4 年时间。我们试着用口语辅助他按顺序做每一步，也试着将顺序图卡贴在水槽上方，但结果还是令人沮丧。卢卡斯直到 6 岁进入 ABA 学校才学会洗手。我们后来才发现口语辅助或顺序图卡并不是教洗手这种复杂技能的有效方法。教这种技能最好采用任务分析（task analysis）的方式，站在孩子身后，尽量提供他所需要的肢体辅助。当时机成熟时，逐渐渐褪每一步的辅助。下了"去洗手"的指令后，试着在整个过程中不说话，因为我们的目标是孩子可以独立完成所有步骤，而口语辅助将来不好渐褪。

卢卡斯在学校学习洗手时，我正在修习应用行为分析的课程，学习任务分析的用法。教孩子任何一种多步骤的技能，任务分析都很有用。2002 年出版的《金字塔教学法：为幼儿设计的课程计划》（*The Pyramid Approach to Education: Lesson Plans for Young Children*）是一部能帮助你写出任务分析的好书，作者是安迪·邦迪（Andy Bondy）博士和他的几位同行。

写下某个复杂技能的每个步骤后，你就可以建立一个任务分析表。如果你能先观察普通孩子运用某项技能的过程，就可以更容易地写出那项技能的任务分析。你也可以参考自己运用那项技能时每一步都是怎么做的，然后写下来。

以下是一个关于洗手的任务分析的说明。

1. 抓住把手，拧开水龙头，让水流出。
2. 右手放在洗手液上，左手放在喷头下方。
3. 右手按压洗手液两下。
4. 搓手 5~10 秒。
5. 双手放在水龙头下，冲掉所有肥皂沫。
6. 抓住把手，拧回水龙头，把水关掉。
7. 用毛巾把手擦干。
8. 将毛巾放回架子上。

当训练孩子这项技能时，你要保持用同种类型的肥皂（固体或液体），要把肥皂摆在水槽旁的固定位置上，如此，程序才会一致。如果将洗手液放在水槽的左侧，那么你可能要教孩子用左手按压洗手液，右手放在喷头下方。重要的是大家要一致，这样才利于辅助的渐褪。

执行任务分析时，你必须评估孩子在每个步骤上所具备的能力。要求孩子去洗手，然后看他如何做。他是否会打开水龙头？是否只是站在那里不动？是否会不断按压洗手液，直到你叫他停止？这样的评估能够让你知道该从哪里着手进行教学。

不要分开教每个步骤，而要一口气教完。孩子必须能感觉到整个过程是一体的，他需要记住正确的顺序。你可以站在孩子的后方，用手臂和手掌给予适量的肢体辅助以使他完成正确的动作，避免错误，并确保顺利进行到底。

教孩子做家务时，任务分析也很有帮助。你可以设计一个在餐桌上摆放餐具或收拾玩具的任务分析表。不论是哪种家务，都应写出一系列的步骤，那些步骤都是孩子可以学的，我保证他真的能学会。我曾经教过一个 14 岁的唐氏综合征女孩在学校摆放餐具。我问老师的第一个问题是，她希望孩子从哪里开始，要这个孩子一次拿一个盘子？一次拿四个盘子？她应该把盘子放在桌上再回去拿餐具？还是一开始把餐具堆在餐盘上，一起放到桌上？

老师承认，她并没有考虑到这个过程，她只是单纯地希望那个女生可以学会将餐具摆放到桌上正确的位置。我跟老师解释说，必须设定一个程序，这样，老师才可以在学生身后轻微地辅助，然后逐渐渐褪辅助，直到学生可以独立完成这项工作。

同样的程序也适用于很多其他的自理技能，包括穿衣和脱衣。逆向串链对学习这些技能会有帮助，做法是，你先做完前面的步骤，只要求孩子做整个流程的最后一个动作。一旦熟练掌握了最后一个动作，就再要求孩子完成最后两个动作。

　　所以，如果目标是脱鞋和脱袜子，那么你就先帮孩子解开鞋带，将鞋口松一松，等你下"脱鞋"这个指令时，孩子就可以很容易地做到。

　　训练脱袜子也是同样的过程，你可以先把袜子向下拉一点，让它好脱一些，然后要求孩子完成这项工作。

　　教穿脱衣服的技能时，用大一点的衣服可以使孩子少费一点力气。有机会时，你应在孩子身后做肢体辅助，这样才可以感受到孩子付出了多少努力，你该如何改变辅助。从很多方面来看，教如厕训练和生活自理技能与教语言技能是同等重要的。用行为方法训练这些技能是经科学研究证实有效的。孩子自己能做的越多，将来成功的机会越大。孩子有了独立的如厕和生活自理技能，也可以让你有更多的时间专注于他的语言和学业技能的训练。

第十二章　结语

前面的章节提供了各种方案，合在一起就能制订出一套语言行为教学计划，帮助孩子学习探索这个世界。然而，制订计划只是相对简单的部分。目前，孤独症尚无法治愈，因此，在可预见的未来，孤独症仍是你与孩子和家人必须面对的人生现实。

但即便如此，这也并不意味着它就是一场无可挽回的悲剧。在本章中，我将卸下"认证行为分析师"的头衔，以家长的身份提供一些建议，分享关于如何根据诊断结果尽快进行恰当治疗的经验。

本章主要针对家长给予指导，但我希望专业人士也能够阅读，因为在有效的临床工作中，理解孤独症孩子家长的情感是非常重要的。

如果你是我最好的朋友，而你刚发现孩子具有会影响他一生的残障，如孤独症或唐氏综合征，那么本章所述就是我要对你说的话。

立即接受诊断结果

越早正视孩子的残障失能，就能越早帮助他。你知道自己遭遇了始料未及的变故，但千万别对孩子能够拥有快乐而丰富的人生失去信心。

一位朋友告诉我，一旦孩子被确诊为孤独症，家长便会全然进入以孤独症为中心的崭新世界，我自己也是如此。我对生活事件的记录开始围绕着孤独症来进行。我会记得某件事是确诊前一年发生的，某件事是治疗开始后 6 个月发生的。我明白应该面对生活轨迹将被永远改变的事实，而这非常不易，但我仍要说，越快接受现实越好。孤独症的诊断将彻底改变家庭生活，这是无可否认的事实。

然而，即便你无法立即接受这个人生变故，你也并不孤单。我记得卢卡斯被确诊为孤独症时,一位心理学家对我说,必须把悲伤情绪释放出来,因为卢卡斯不正常,将来也不会变得正常,我的生活也就不再会正常。我则告诉她,我仍未准备好放弃正常的生活,我只为卢卡斯的学龄前生活感到悲伤,当他只有3岁时,我不能为他的整个人生都开始感到悲伤。

我坚信卢卡斯能通过密集的治疗而完全康复,我必须保持乐观的心态,但我丈夫查尔斯的思路完全不同。我们从儿童发育科医师那里拿到诊断后,在回家的路上,查尔斯不断地说丧气话,例如,"看来卢卡斯未来无法结婚、上大学了",或是"他一辈子都要跟我们住在一起了"。我流着泪叫他别再说下去了,并且告诉他,我还没有预见那一天的到来,所以无法预测20年后卢卡斯会是怎样的状况。我优先考虑的是,尽快让卢卡斯接受密集的应用行为分析治疗,一步一步地走下去。

卢卡斯被确诊的当天,我从情感上相信他会彻底康复,甚至想象数年后可以帮卢卡斯办一场"康复派对",而查尔斯则因预测了卢卡斯太糟的未来而极度悲观,我们两个人的反应在一开始有着惊人的差距。

双亲家庭面对孤独症确诊经常会出现这种情况,其中一人像我这样,极其乐观,甚至不切实际,而另外一人则完全相反。随着我们倾听对方对卢卡斯的希望、梦想和忧惧,到最后,我的乐观和他的悲观实现了平衡。

不管卢卡斯迈出的步伐是大还是小,我们的生活真的完全变了。他刚确诊时,我是个护士。7年之后,我成了具有认证资格的行为分析师,也是柏克斯郡孤独症学会的创始会长。过去的这几年里,我逐渐成长为作者、演讲者、咨询师和孤独症领域的专家。

"失败"的定义

如果孩子尚未"康复",千万别认为自己与孩子就是失败的,或认为孩子在学校会需要极大的帮助,甚至认为孩子永远无法与人交流。我的朋友卡萝尔有个中度孤独症儿子,在别人给了我她的电话号码后,我到她家中观摩她的儿子安东尼的干预课程,卡萝尔成了我的第一位"孤独症朋友"。这几年来,卡萝尔和我共度了很多时光,正因为卡萝尔于2000年前往佛罗里达州拜访了文森特·卡蓬博士,并告诉了我有关信息,我才开始接触到语言行为教学。如果没有与卡萝尔的友谊,我不知道这条路要怎么走。

但即使有她的支持与建议，有我们一同不断的努力，也仍远不足以让我们的孩子看起来与同龄人无异。我们发现，如果"治愈"孤独症只是够不够努力的问题，那我们的儿子早在几年前就已经痊愈了。

但我们也知道，即使应用行为分析与语言行为已帮助我们的儿子达到了目前所能企及的最高能力水平，现在也不能停下来。因此，尽管孩子已经10岁了，我们仍继续加强他们的训练。

在我阅读过的由家长所写的孤独症相关书籍中，大部分作者的孩子都从治疗中获得了良好的效果，有些作者甚至声称他们的孩子已经"康复"。然而即使执行了现今最先进、最优良的应用行为分析计划，大多数孤独症儿童还是无法完全康复的。在我接触过的几百名孤独症儿童中，只有几个孩子让我觉得完全无法将他们与普通同龄儿童区分开，或者说他们已经"康复"。因此，我认为你不该把完全治愈当成主要的或唯一的目标。

然而，几乎所有孩子都通过接受行为治疗得到了明显的改善，而孩子也确实存在因此而康复或与同龄人无异的可能性，那么这理由已经足够充分，让我们继续努力，继续尝试。有的孩子能取得较大的进步，就如同普通孩子中也有一部分人能在人生道路上走得更远。所以，不要拿你的孩子的人生路与别的孩子比较，请多关注他的优点，弥补他的不足。

避免陷入高功能/低功能的误区

有时，你能为孩子做的最棒的事情就是忽略某些人的建议。孤独症圈子里可能会有一些专业人士或家长试图说服你，说孩子因为高功能或低功能而无法从应用行为分析或语言行为当中受益，可我的经验与此完全相反。无论孩子处于孤独症谱系中的哪一个区域，都能从应用行为分析或语言行为当中得到帮助。

我经常听到家长说，他们的孩子只是"待分类的广泛性发展障碍"（pervasive developmental disorder not otherwise specified, PDD-NOS），或是"我不想参加孤独症支持团体，因为我的孩子是阿斯伯格综合征，团体中那些人的孩子功能通常比较低"。做这样的比较，就如同将不同种类的癌症放在一起比较一样，不同的癌症会导致不同的结果，然而每一种癌症的确诊所造成的影响是一样的，都足以改变人的生命。

诚实地说，我并不确切地知道所谓的"高功能"孤独症是什么样子。我以前认为卢卡斯患的是高功能孤独症，因为他在幼儿时期就读普通幼儿园，并且看起来"很正常"。他没有类似拍手或身体摇晃等刻板行为，不易怒，也没有自我伤害行为，然而他却被确诊为中度孤独症，因此，我不再把"高功能"这个词用在他身上。

相反，我开始把卢卡斯当作一个中间位置的参考标准去考察其他孤独症儿童，评估其他孩子相对于卢卡斯来说功能是高还是低。但有一天我终于明白，这种具有局限性的想法还是无法帮助任何人。这样的领悟发生在我参观卢卡斯准备就读的应用行为分析学校时，在围成一圈的游戏时间中，有一个男孩难以安坐在椅子上，他跌落到地板上，而且很难缠，让治疗人员很伤脑筋。虽然老师们已有处理他这种行为的办法，但当游戏时间结束时，那情景仍让我非常震惊。

看到这样的情形后，我开始担心卢卡斯对这所学校而言可能功能过高，我把我看到的那些行为告诉了学校主任，我担心卢卡斯被放在这个班上会倒退。

然而主任告诉我，那个孩子虽然在游戏时间有破坏性的问题行为，但他却能够阅读以文字为主的章回书籍，拥有小学程度的算术能力，而且比卢卡斯有更强的语言能力。

就是从那时起，我决心放弃使用"高功能"和"低功能"这些用语，它们非常主观以至于事实上起不到任何作用。如果老师真的将孩子们从高功能至低功能进行分类，那以后肯定会遇到麻烦。不同的孩子会在不同的领域展现能力，可能某些孩子拥有良好的学业技能但缺乏社交能力，或是语言功能良好却有行为问题。

不幸的是，孩子看起来越"正常"，家长就越有可能为他代言。有些家长试图隐瞒诊断结果，而这可能会使问题更多。在学校里，不让其他学生看出差异往往是很困难的。这些所谓"高功能"的孩子常会因为和其他学生格格不入而被同学们嘲弄或忽视。高功能孩子也更容易因缺乏语言、学业或社交技能而得到个别化的指导，无法提高在校的适应能力。因此，你更需要做的或许是劝说老师，温和地敦促他们以确保看起来正常的孩子得到所需的服务。

就以上这些原因来看，我强烈地感到，我们不应使用高功能或低功能之类的词给孩子贴标签，相反，孩子的能力和需要应该得到评估，得到适当的干预服务，这样才会帮助他进步。

尽可能多地接受治疗，越早开始越好

当卢卡斯刚被确诊为孤独症时，我相信他的病情很轻，并预期他终会康复，认为他不需要太多的治疗，但后来我发现自己错了，虽然我当时并不知道。

我参加了一个由格伦·邓拉普博士①举办的一日培训班，我告诉他我认为卢卡斯不需要接受太多治疗，但他却说我应该把卢卡斯的诊断结果视作最严重的孤独症那样去治疗他。邓拉普博士表示，在他多年的治疗经历中，他曾遇到过3岁时能力状况类似卢卡斯，到了8岁时真的变正常了的孩子，但其他大部分的孩子并没有出现同样的情况。同样，他也遇见过极重度的、看起来恢复的希望很渺茫，但到了8岁时却变得和普通孩子没什么两样的孤独症孩子。

邓拉普博士告诉我，他曾见过轻度或中度的孩子因没有接受他们急需的密集治疗，最后反而落后于障碍程度更严重的孩子。他说，你永远不会后悔让卢卡斯接受太多治疗，但如果你根据自己对卢卡斯能力的解读而松懈，对干预不够积极的话，你一定会后悔的。

让孩子获得适当的治疗或许并不容易，但它是必要的。采纳专业人士的意见时，不要只看表象。我认识一位母亲，她的孩子30个月大，其语言课程被缩减到一个月只有一个小时，即使我能够明显地看出这个孩子的语言能力至少还落后一年，这位母亲仍坚称，她猜孩子的能力已经不错了，否则"他们"不会缩减孩子的语言服务时长。我认为这位家长与其相信这样的建议，不如去查看孩子的标准化语言评估分数，并参考其他客观的数据。不提供儿童所需的治疗或过早缩减治疗时数，有可能是因为人手不足或是出于费用的考虑，而非因为孩子在学习上的进步。如果你在这方面有所困惑，就应该参考客观的评估数据，从而要求获得密集治疗。

---

① 编注：格伦·邓拉普博士（Dr. Glen Dunlap）是南佛罗里达大学的教授，主要研究领域是积极行为支持（positive behavior support）和家庭支持。

准备成为孩子的辩护人

我想,我所要给你的最逆耳的忠言,可能是你需要为你的孩子有权得到优质教育和服务而出面发声。我希望你是幸运者当中的一个,不用辛苦地去争取(不必争取的原因大多是已经有别人为你开辟出了那条道路),但如果你不是幸运者之一而需要额外争取这些,那么这里有一些方法可以让你争取得较为顺利。最好的方法就是,将孩子需要什么、正在接受哪些治疗服务等各类报告和记录认真地整理起来。

在卢卡斯3岁被确诊为孤独症后,我感觉到我必须为他努力争取每一次机会。我很快就认识到教育机构所能提供的与理想中的往往有很大的差距,这让我感到十分不满意,几乎完全不能接受。几个月后,我便陷入了长达两年的有律师、法庭书记及证人参与的法律诉讼。这个过程让我惊讶,因为我以为至少在纸面上,优势都在我这边。我有硕士学位,我在医院担任员工发展协调员,工作内容是训练护士拟定良好目标,我也是一名护士长,所以我习惯于妥善保存记录,习惯于必要时坚持主见。

我的家人都居住在同一区域,因此,当地有人帮我照看孩子;我有一定的经济能力,能够娴熟地使用网络,并且有车可以来去自如;我有能力得到私人咨询评估,并能很快学会如何在特殊教育系统中找到方向,到达对的地方。

我相信自己能相当容易地应付这个被称为合法诉讼程序的教育法庭系统,但是,我错了。我无法相信为了替卢卡斯争取他需要且应得的服务,必须付出更多辛苦的工作。同时,这个诉讼程序也很昂贵,因为没有公辩律师可供特殊儿童的父母聘请。

我所居住的县(就像大部分的县)落后这个时代至少10年,在20世纪90年代末尚未提供应用行为分析治疗,但我相信孩子的生命正处在紧要关头,因此,我快速地采取了行动。我很高兴在那个时候能和几位朋友同时提出申请服务的法律诉讼,要求教育体系改善服务,不仅让卢卡斯受惠,也让县内的每个孩子都受惠。

有些人不想去争取,而会选择搬到较方便入学的学区以"追逐"好的治疗计划。我的想法是,在原居住处改变治疗计划,而不是为了改变计划搬到其他地方,因为学校提供的教育服务通常由学校的行政官员和学区委员们决定[①],但这些掌握权力的人也

[①] 译注:美国各地分设学区,依地理位置划分区域,提供从幼儿园大班到高中四年级的公立学校教育,学区有教育委员会会员若干,他们决定经费分配的大方向,各部门高层行政人员则决定在实际中如何运用。

会经常更换。你可以搬到一个对孤独症的治疗相对友善的地区，但一年多后，那里的学区委员会可能又决议缩减这些教育计划的经费。或者你卖掉房子，搬家，以便追随一位优秀的老师，然后发现这位老师后来生了病，不再教学了，这都有可能发生。

过去几年，我选择将时间花在与学区、县及州政府共同工作上，以发展一个好的教育系统，使其满足所有孤独症儿童的需要。通过宾州语言行为项目以及私人的咨询，我有幸与上百位在公立学校中使用应用行为分析及语言行为计划服务孤独症儿童的专业人士一同工作。这些专业人士在实际工作中看到应用行为分析及语言行为的原则的确能帮助孤独症以及相关障碍孩子。一位老师最近告诉我，她简直不知道过去自己是怎么教孤独症孩子的，自从运用了应用行为分析和语言行为教学，她的学生获得的进步让她大为感动。这位老师后来进一步进修，参加考试，最近成了认证助理行为分析师。

因此，在争取相关权益时，你必须和孩子所在的学校一同工作以开创适当的教育计划。这不是一朝一夕便能达到的，它需要有坚韧不拔的毅力并付出极大的努力。不要把为孩子争取权益变成个人的意气用事或者弄得乌烟瘴气，你的立场要尽量坚定，但不可强势过头。你需要为孩子保持高标准，但也必须知道在某些论点上要有所让步以让孩子得到重要的服务。

在美国，有特殊需要的孩子有权获得免费、适当的公立教育。虽然听起来很棒，但这并不代表学校的行政主管会热切地提供那些你认为属于FAPE的服务。

所以，你要随时做好准备。把手上有的书面资料都用三孔资料夹整理好，以便日后调阅。你要有条不紊，一旦需要针对孩子的教育计划中的不足之处提出意见，也容易在短时间内准备就绪。

带一位朋友或家人参与个别化教育计划（Individual Education Plan, IEP）会议，或是任何讨论孩子教育计划的场合。让他协助做笔记或录音（若你打算这么做，你需要在数天前告知学校行政官员）。独自参加这样的会议并面对"对方"六到七位与会人士可能会让你感到紧张，因此，这种情况下有个陪伴者是很重要的。

招募一位辩护人也是一项应及早着手的工作。卢卡斯3岁时，我在当地的精神健康协会中找到了一位不需要付费的权益辩护人，她提供的建议及支持非常有价值。当我需要更具体的法律信息时，我也花钱雇用过辩护人和律师。当地的孤独症支持团体也会提示你有哪些声誉良好的辩护人和律师。

尽可能将所有事情写下来。例如，你和某人在电话中谈论孩子的事情，记得向对方索要姓名和地址，并给他寄一封信，请他确认电话中交谈的内容。如果是当面谈话或开会，同样可以跟进一封信，在信里记录你在会面中观察或听到的事项，还有你关切或疑虑的事情，以及还有哪些信息是你需要的，包括是否有谁承诺过会提供这些信息。

加里·迈耶森（Gary Mayerson）是一个孤独症孩子的父亲，他在2004年出版了一本书《如何向学校妥协而不损及孩子的权益》（*How to Compromise with Your School District without Compromising Your Child*），这本书以及www.wrightslaw.com网站[①]都会在这方面对你有所帮助。

武装自己，使自己学到更多关于特殊教育方面的法规而避免诉讼。此外，我建议你参加有关权益争取的工作坊，并与在这方面有经验的家长建立联系网络。

当你与学校的行政人员和专业人士合作时，不要忘记ABA的原则，就如同你和孩子一起工作时一般，必须让自己与强化物匹配起来（带甜甜圈去参加会议），逐步加入你对校方的要求（不要一次要求全部的事情），并在事情进展顺利时给予对方强化！

一次只尝试一种新疗法

很多新手孤独症家长都会犯同一个错误，那就是同时尝试各种不同的治疗方法。我完全能够理解那种想要帮助自己孩子的迫切心情，但对于孤独症，越程序化的方法会越有成效。

尽早开始实施ABA/VB的计划，观察孩子的反应。其他疗法的确很多，如饮食控制、药物治疗、生物医学治疗、感觉统合治疗以及基于人际关系的治疗。但如果同时采用好几种方式，你将无法得知哪些方法有效，哪些方法无效。

詹姆斯·科普兰（James Coplan）博士是一位儿童发育科医师，他诊断出卢卡斯有孤独症。他表示愿意用药物治疗帮助卢卡斯，但前提是孩子已经有了良好的行为教学计划。

---

① 编注：该网站提供有关美国特殊教育法律及为特殊儿童争取权益的信息。在中国大陆，由于教育体系及维权方式与美国有很大不同，一些前辈家长根据个人的实践总结了很多与学校打交道的经验，具体内容可参看以琳自闭症论坛（new.elimautism.org）。这个中文论坛上还有一些国内与孤独症相关的法律和地方法规。

对我们而言，卢卡斯的应用行为分析计划进行得十分顺利。假如我们同时开始药物治疗，那将无法知道只接受优良的行为疗法课程可以达到多么明显的效果。

过去 7 年中，我们尝试了 12 种药物，其中大部分都会产生副作用。我们将每一种药物分开使用，以便了解服用每种药会导致什么结果。有一件我当时没做但现在强烈建议的事，即将药物（药量）、补充品和试用过的其他疗法都列出清单，将每种药物开始服用及停用的日期记录下来，并写下孩子服用每种药品时产生的作用和副作用。

知道何时该停止一项治疗或何时该加入其他疗法也是很重要的。我曾遇到过有的青少年接受了好几年的禁食麦蛋白和酪蛋白疗法（gluten-casein free diet, GFCF），但因为没有使用应用行为分析计划而仍存在很多严重的行为问题。他们的父母为了确保孩子不会吃下禁食的食物而时刻紧绷神经，以至于未曾留意过应用行为分析和语言行为方法这样有科学研究支持的优质行为干预计划。

这并不意味着大家应该忽略非传统的疗法或生物医学治疗，因为这些方法也帮助了很多孩子。但我相信，行为疗法应该优先，所有其他干预方式应在这之后逐一加入，而且一次只加一个，这样才能评量出每种方法的效果。

尽可能学会行为干预中的所有方法

当卢卡斯要开始接受洛瓦斯应用行为分析干预的时候，咨询师建议父母中有一人要学习如何成为一位治疗师。她建议我请一位保姆来带斯潘塞（发育正常的儿子），每周 5 个小时。这样我就能为卢卡斯开展一门真正的课程了。对我而言，这是个不错的建议，因为我发现自己是如此喜欢这门课程，以至于最后通过了行为分析师的资格认证。但总体而言，能与卢卡斯坐在一起上课对我非常有帮助，我得以看到他的反应，了解他的强项和弱项。每当他的咨询师来访时，我都会跟卢卡斯一起上课，并且会得到咨询师的有建设性的意见和回馈，这些意见甚至能帮助我训练其他来我家的治疗师。

如果你是一位与孤独症或其他相关障碍儿童一起工作的专业人士，那么你必须让家长一起参与，让他们阅读相关的图书，并且让他们看着你做干预（与他们的孩子一起上课）。如果你负责治疗的孩子的家长已经相当内行（这种情况在孤独症群体中经常可见），那么你就让他们演示给你看如何为自己的孩子工作。尽可能让家长多多参与，因为一直陪伴孩子的人是家长，而不是终有一天会离开的专业人士。

照顾好自己，一步步慢慢来

如果你自暴自弃，孤独症和其他发展性障碍就会压垮你的人生。每个人都有一大堆自己的事，但是在一天内能完成的事情总是有限的。

尽可能让家人、亲戚或朋友帮助你，让他们一起参与培训和孩子的干预课程。请他们阅读本书，好让他们了解你在怎样帮助孩子。他们知道的越多，就越能给你帮助与支持。我母亲参加了每一场咨询培训课，并尽她所能地学习，而在我成立孤独症学会之时，她伸出了援手。在案件诉讼期间，我父母也一直在帮忙，常常照顾我的孩子，好让我有时间参加各种座谈会和其他会议。当我需要有人倾听时，我姐姐与我的朋友愿意当我的听众；当我对诊断与干预过程感到沮丧时，他们给予我精神支持。

尽可能倚靠你的朋友，让他们从各方面参与你的计划，参与孩子的生活。让他人有机会照顾你的孩子，毕竟有特殊需要的孩子必须学会听别人的话，与父母以外的成人建立关系。你也需要休息，所以当有人愿意帮你带几个小时孩子的时候，你就接受他的好意吧！如果可行，请一位固定的保姆，这样你就能有固定的休息时间，而不需要仰赖家人和朋友当你不定时的免费保姆。

虽然孤独症会是你生活中的一个动力，但不时地从这个疾病的诊断中走出来，去散散心，也是很重要的。科普兰医生告诉我先生和我，有时夫妻要花时间各自独处，有时则要共度一些时光。有时，我先生要与斯潘塞花时间一起做点事情，有时则是卢卡斯与我共处。他同时建议我们偶尔让卢卡斯待在家中，以夫妻的身份去陪伴斯潘塞，因为医生认为我们需要偶尔享受没有卢卡斯的生活。

科普兰医生也在他为卢卡斯做诊断的当天，让我先生和我去做婚姻咨询。当时，我先生向科普兰医生抱怨，说当卢卡斯在半夜要求喝牛奶时，我都立刻去拿牛奶给他喝，而他认为在半夜喝水比喝牛奶更适合。科普兰医生表示，如果我们俩在决定夜里给孩子喝什么这样的问题上都会遇到困难，那当我们要为卢卡斯的未来做出重大决定时，就更容易陷入争执了。

我先生与我确实去做了咨询。我们发现那里是个调节悲伤情绪的好地方，也是在为卢卡斯的未来做决定时,能够找到两个人共同点的好地方。当很多夫妻因为孩子被确诊为孤独症而分居或离婚时,我觉得我们的婚姻反而因孤独症而变得更加稳固。我们不得不协调一致,不得不共同做出决定,好让卢卡斯取得进步。几次咨询造就了我们现在的生活,我强烈建议陷入挣扎的人去寻求个人或夫妻咨询。

也有其他支持团体可以提供帮助。如果你所在的地区有一个团体是你可以加入的,请你一定去参加。你也可以浏览 www.autism-society.org 或 www.autismspeaks.org 网站[①]。我发现从网络上获得的支持非常宝贵,虽然有时你无法在你自己的小区找到可以分担忧虑的人,但你几乎每次都能在网络上找到有同样心路历程的家长,他们也是"走过这个阶段,做过那件事情"。

我现在已经在找较大孩子的家长了,准备请他们指点我有关卢卡斯以后进入青春期的事情。与有相同年龄孩子的家长交朋友是很重要的,这样你才能在需要找人聊天、抱怨或寻求答案时,通过电邮或电话获得支持。对于孤独症,你永远不会孤军奋战。

不管处理什么事情,请记得一次只消化一点东西。这不是百米赛跑,这是一段有许多山坡与峡谷的马拉松长跑。你必须调整好自己的步伐,因为你非常有可能要经历长年的治疗,随着孩子年龄的增长,还会遇到风波转折。你会与孩子一起学习语言,然后是职业与/或学业技能,接着准备让孩子独立生活甚至上大学。记住,每个阶段都有一个值得期待的理由,你这么努力地工作,就是为了让孩子拥有最好的生活。

制作柠檬汁

我的孤独症旅程的目标是,我自己、我的儿子和家人能找到最佳的状态。

讽刺的是,在卢卡斯被确诊之前,我参加了一个妈妈俱乐部的会议,会议开始前的破冰问题是,告诉大家你在孩子出生前做了哪些事以及未来计划做的事。斯潘塞当时只有1岁,卢卡斯2岁半且尚未被确诊为孤独症。当轮到我发言时,我说我是一名护士长,我可想见自己将会回到学校读书,获得博士学位,然后成为一位研究者、作家以及某项课题(当时尚未决定)的专家。虽然当时我完全没料到这个领域会是孤独

[①] 编注:这两个网站是美国比较有影响力的孤独症支持团体的网站。前者是美国孤独症协会(Autism Society of America)的网站,后者是孤独症之声(Autism Speaks)的网站。

症，但我现在很高兴能告诉大家我实现了自己7年前设定的目标。

也就是说，即使我的生活发生了巨大的变化，我仍努力达成了自己的目标，同时也帮助卢卡斯实现了他的目标。

这一路上，我逐渐发现自己多么热衷于帮助所有的孩子，我非常喜欢跟专业人士和家长分享如何给予孩子更好的服务与照顾。最重要的是，我热爱与那些独一无二的孩子们共同工作，他们每天都教会我一些新的东西。有人说我所做的只是把柠檬变成柠檬汁，也许是的，但不管怎样，到目前为止，我的人生旅程带给了我巨大的成就感。

这并不是说一切已经结束了，或我们母子在这条荆棘丛生的孤独症道路上不会再遭遇新的挫折和挑战，只是我已知道，只要一路专注于自己的目标，帮助我的孩子们发挥出最大的潜能，我就必能寻得登顶之路，并让我的家庭生活趋向完美。

在那一天到来之前，我们要一步一个脚印地生活，在登山的路上好好地欣赏风景。

实施语言行为计划是你的第一步，现在就迈出这一步，看看你自己、你的孩子和你的家庭能够走多远。

附录1　术语解释

应用行为分析（ABA）　一门了解并改善具有社会意义的行为的科学。

前提—行为—结果（ABC）　描述所有行为的三项依联。

　　前提　行为出现前发生的事情，可能是一个指令，如"去排队"，或是闹钟铃响。

　　行为　一个生物体可被观察的动作；对一个行为看起来是什么样子的描述。

　　结果　行为出现后立即发生的事情，它会增加或减少该行为将来发生的机会。

　　举例：

　　前提—指令："摸鼻子"；行为—摸鼻子；结果—给予饼干。

　　前提—指令："拼拼图"；行为—说"不要！"；结果—作业被移开。

基本语言及学习技能评估（ABLLS）　经常用于应用行为分析及语言行为计划的评估工具、课程指引及技能跟踪系统。由詹姆斯·帕廷顿博士和马克·松德博格博士共同撰写。

逆向串链（backward chaining）　一种教全部任务的教学方式，例如，拼拼图或唱歌，等等。当使用此方式教孩子唱歌时，第一次你可以将最后一个字留给孩子唱，如"蝴蝶，蝴蝶，生得真美____"，当孩子能唱出"丽"时，你可以留下两个字"美丽"让孩子唱，以此类推。

基线（baseline）　在任何新干预开始前搜集数据的一段观察时间。

认证行为分析师／认证助理行为分析师（BCBA/BCaBA）　BCBA是达到要求后成为认证行为分析师的人，拥有认证行为分析师资格的人至少须持有硕士学位，而认证助理行为分析师至少须持有学士学位。除了必须符合最低教育标准，认证行为分析师和认证助理行为分析师还必须完成应用行为分析的学分课程，且在已获得行为分析师认证资格的人的督导下工作，通过笔试才可取得认证。如何成为认证行为分析师或如何找寻一位认证行为分析师，可参考 www.BACB.com 网站上的信息。

条件强化物（conditioned reinforcer） 一个以前属于中性而现在变成了强化物的物品，代币以及金钱可以被用来换想要的物品，因此是条件强化物最好的例子之一。

剥夺（deprivation） 在一段特定的时间内无法得到，而以往都能得到的强化物，可以由此增加一个行为。例如，我们可以做一个自然的剥夺，午餐前，孩子极有可能在饿了的时候接受"提要求"的课程。

回合尝试教学（Discrete Trial Teaching, DTT） 使用 A-B-C 三项依联来教授障碍儿童，每一个独立的回合都被用来教授新的技能。

仿说（echoic） 可以立即或延迟重复别人所说的话，斯金纳认为这是一种语言操作。

食用强化物（edible reinforcers） 可用于 ABA/VB 教学计划中的食物和食品。教师永远要记得将食物与表扬和其他社会性强化物相匹配，如此，食用强化物最后才能被渐渐地渐褪。

错误纠正（error correction） 这项技术被用来纠正没有预防而发生的错误。重新呈现问题或指令，提供一个辅助，然后使用转换回合来减少或渐褪辅助。

无错误教学（errorless teaching） 语言行为计划中的一项技术，用来预防或减少错误。在发出指令或问问题之后立即给予辅助，然后再经由转换回合渐褪。

免费、适当的公立教育（FAPE） 在美国，根据联邦法律，3~21 岁的残障儿童有权得到此一级的教育。

模仿技能（imitation skills） 模仿他人动作的能力。

密集回合教学（Intensive Trial Teaching, ITT） 快节奏的 VB 教学，通常是在课桌前使用无错误教学和渐褪指令、混合及多变的辅助程序，以及一个已定的可变强化。

交互式语言（intraverbal） 填空式的问题或回答 5W 问句。在没有视觉或其他刺激呈现的情况下，回应他人的语言行为。

提要求（mand） 对物品、活动、关注或信息的需求的表达。

模板配对（matching to sample） 在物品或图片与相同或相似的物品或图片间配对。

动因操作（motivational operation, MO）　指一个人的动因或对某种事物的欲望，包括物品、活动、关注或信息。满足与剥夺对动因操作影响很大。

自然情境教学（natural environment teaching, NET）　利用孩子当前感兴趣或会产生动因的事物来控制教学活动，可将教学的目标编入游戏及其他有趣的活动中。

操作（operant）　定义一个行为的前因和后果。例如，表达需求的前因是动因，后果是得到他所要求的物品。

匹配（pairing）　使用强化程度较高的强化物，使人物、物品及情境也变成具有强化作用的程序，以便在下达指令之前，能够让孩子跑向学习区和某人。

图片交换沟通系统（PECS）　这套系统由安迪·邦迪博士和洛丽·弗罗斯特发明，用来教孩子使用图片指出他们想要或需要的物品。

试探/冷试探（probe, cold probe）　对于在一天的教学开始前，孩子在数小时未学习下出现的反应所收集的数据。冷试探通常在上午一开始或一节课程开始时进行。

辅助（prompt）　帮助学生做出正确反应的一个暗示或线索。一个辅助通常是前提控制的一部分，并且是在学习者有机会做出反应之前加入的。不论什么时候使用辅助策略，一定要计划如何渐褪辅助，以使学生以后能有独立的反应。

接受性技能（receptive skills）　理解语言和遵从指令的能力。

强化（reinforcement）　行为发生后紧接着出现的后果，它会使该行为在未来出现的频率升高。强化的形式可以是正强化或负强化。

餍足（satiation）　剥夺的反义词。对于某个强化物，孩子已拥有得足够多，以致该强化物失去了它的价值。

斯金纳（Skinner B. F.）　行为实验分析的创始者，《语言行为》（1957）一书的作者。

命名（tact）　标记或命名一个非语言的感官刺激，例如，物品、图片、形容词、地点、气味、味道、声音或感觉。

任务分析（task analysis）　一项技能被分解出来的很多步骤，这些步骤用来辨识和教授某项工作的顺序中存在的问题。

可变比率强化（VR）　在两次给予强化作用之间的正确反应的平均数字。

语言行为（verbal behavior, VB） 任何包含说话、手语、图片交换、点指、写、打字及手势等的沟通，也包括哭或展现其他问题的行为，做出这些行为是为了获取关注或物品，或者逃避不喜欢的活动。

视觉执行（visual performance） 包含配对工作、分类、积木设计及拼图的技能。

附录2 语言行为评估表[①]

完成日期_____/_____/_____填表人_____

儿童姓名_____年龄_____出生日期_____/_____/_____

父母/监护人姓名_____

兄弟姐妹姓名和年龄_____

电话_____电子邮箱_____

地址_____

医疗记录

诊断（如果知道）_____诊断时年龄_____

您的孩子目前在上学和/或接受任何治疗或特殊服务吗？是□　否□

如果是，请写出学校或服务提供者的名字，接受服务的地点和频率：

正在服用的药物：

过敏：

特殊饮食/限制：

描述进食和饮水的情况。请指出孩子是否能够独立饮食，喜欢吃什么质感/类型的食物。列出喝水的方法，是否用奶瓶或吸管杯：

[①] 编注：关注微信公众号"华夏特教"，即可在线浏览或下载本表。

描述睡眠的情况：

描述如厕的情况和存在的问题：

语言信息

您的孩子使用过任何词汇吗？是□　否□

如果使用过，请描述他/她的词汇量，并举出例子：

如果没有使用过，孩子会发出咿咿呀呀的声音吗？是□　否□

如果会，请列出您听到过的声音：

提要求评估

您的孩子能够通过词汇要求他/她想要的东西吗，如饼干、果汁、球、推我？
是□　否□

如果能，请列出孩子会用词汇提要求的项目/活动：

如果不能，孩子如何让他人知道他/她想要什么？请在以下答案中选择：
手势□　　点指□　　拉着大人□　　手语□　　图片□　　哭□　　直接抓取□

命名评估

您的孩子能够命名书或闪卡里的东西吗？如果能，请估计一下孩子会命名多少东西，并尽可能举出 20 个例子：

仿说评估

孩子能够模仿您说的词汇吗？例如，您说"说'球'"，他/她是否能说出"球"？他/她是否能模仿句子？当您说"我爱你"时，他/她会不会跟着说？是□ 否□

您的孩子是否会说他/她从电影中背下来或您以前说过的话？是□ 否□

如果会，请描述：

交互式语言评估

您的孩子会接唱歌曲吗？例如，当您唱"蝴蝶，蝴蝶，生得真美____"时，孩子会唱出"丽"吗？如果您唱"咿呀咿呀____"时，孩子会接唱"呦"吗？是□ 否□

请列出孩子能够接唱字或句的歌曲：

您的孩子会接续有趣的或者功能性的句子吗？例如，听到"小熊____"时，会接着说"维尼"；或听到"你睡在一张____"时，会接着说"床上"。是□ 否□

您的孩子会回答 5W 问句（没有图案或视觉线索）吗？例如，如果您说"什么会在天上飞？"孩子是否会回答"鸟"或"飞机"？在您的要求下，他/她是否能够命名至少三个动物或颜色？是□ 否□

接受性语言评估

当您叫孩子的名字时，他/她是否有反应？
几乎总是□ 经常□ 有时□ 几乎没有□

如果您叫孩子去拿他/她的鞋或杯子，他/她是否能够听懂指令而不需要手势辅助？
几乎总是□ 经常□ 有时□ 几乎没有□

如果您让孩子拍手或站起来，他/她是否能够在没有手势辅助的情况下做到？
几乎总是☐　　经常☐　　有时☐　　几乎没有☐

您的孩子会不会碰触自己身体的某个部位，例如，当您说"摸你的鼻子"或"摸头"时？是☐　　否☐

如果会，请列出他/她不需要任何手势辅助就能够碰触的身体部位：

模仿评估

如果您告诉孩子"做这个"，他/她会不会模仿您拿着玩具所做的动作？例如，如果您拿着一辆小车推前推后，并说"做这个"，孩子是否能够模仿您？是☐　　否☐

当您一边做一边说"做这个"时，孩子是否会模仿您的动作，如拍手或跺脚？
是☐　　否☐

当您一边说"做这个"，一边伸出食指或比出代表好棒的大拇指时，孩子是否会模仿您的这个精细动作？是☐　　否☐

视觉技巧评估

如果您告诉孩子"配对"，孩子是否能够将一模一样的实物进行配对？将一样的图片进行配对？将图片与实物进行配对？是☐　　否☐　　不确定☐

孩子是否能够完成符合他/她年龄发展的拼图？是☐　　否☐　　不确定☐

行为评估

您的孩子目前是否能够坐在桌前或地板上，和大人一起完成一些简单的任务？
是☐　　否☐　　不确定☐

请列出任何孩子所表现出的行为问题（哭、打、咬、倒在地上、发出很大的噪音、打自己的头），请估计这些行为出现的次数（100次/天，10次/周，1次/天），并举例说明这些行为何时出现。描述一下您使用过什么办法控制这些行为，这些办法是否成功。

请列出其他建议或问题：

附录3　手语样例[1]

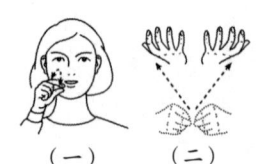

爆米花
（一）一手拇、食指微张，在嘴角处前后微转几下。
（二）双手虚握，虎口朝上，然后迅速向上弹起并张开五指。

饼干
（一）一手拇、食、中指相捏，置于嘴边，嘴做嚼物状。
（二）左手食、中指与右手食指搭成"干"字形。
（可根据实际表示饼干的形状）

猜
左手直立，手背向外，五指张开；右手食指在左手食、中指指缝间点动两下，面露思考的表情。

电影
左手五指成半圆形，虎口朝上；右手五指弯曲，指尖朝前，手腕碰两下左手虎口。

---

[1] 编注：附录3的词语根据《国家通用手语词典》（华夏出版社，2019年）中的打法，与原书提供的美国手语样例有所不同。

开门

双手并排直立，掌心向外，然后向内转动90度，掌心相对。

篮球

左手直立，掌心向右，五指微曲，置于头部前上方；右手五指张开，掌心向前，置于左手旁，然后手腕向前弯动一下，如投篮状。

马铃薯

（一）一手拇、食、中指相捏，指尖朝下，互捻几下。
（二）双手拇、食指搭成圆形，虎口朝上。

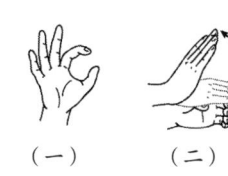

马桶

（一）一手拇、食指弯曲，其他三指直立，掌心向前。
（二）左手五指成半圆形，虎口朝上；右手平伸，掌心向下，置于左手虎口上，然后向后抬起，掌心向外。

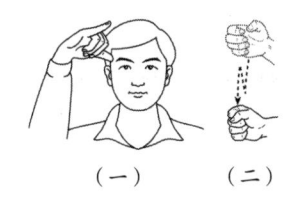

牛奶

（一）一手伸拇、小指，拇指尖抵于太阳穴，小指尖朝前。
（二）一手五指弯曲，虎口朝上，向下捋动两下，模仿挤牛奶的动作。

苹果

（一）左手横伸；右手平伸，掌心向下，从左手背上向右移动一下。
（二）双手拇、食指搭成圆形，虎口朝上，表示果子。

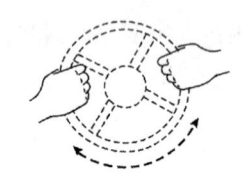

汽车

双手虚握，左右转动，如操纵方向盘状。

秋千

左手伸拇、小指；右手食、中指横伸，手背向上，置于左手下，然后双手同时前后摇动几下。

（可根据实际表示荡秋千的动作）

书

双手侧立，掌心相贴，然后向两侧打开。

水

一手横伸，掌心向下，五指张开，边交替点动边向一侧移动，表示数量较多或面积较大的水，如江水。

糖

一手食指指腮部，同时用舌顶起腮部，表示嘴里含着的糖。

跳

左手横伸；右手食、中指微曲，先立于左手掌心上，然后迅速向上弹起。

（可根据实际表示跳的动作）

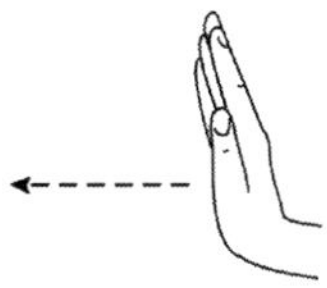

推

一手直立，掌心向外一推。

（可根据实际模仿推的动作）

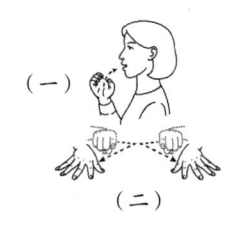

椅子

左手直立，掌心向右；右手五指与手掌成"⌐"形，指尖抵于左手掌心，仿椅子形状。

饮料

（一）一手五指成半圆形，如拿杯子状，模仿喝水的动作。

（二）双手食指指尖朝前，手背向上，先互碰一下，再分开并张开五指。

鱼

一手横立，手背向外，向一侧做曲线形移动（或一手侧立，向前做曲线形移动），如鱼游动状。

附录 4　技能追踪记录表[①]

样例

儿童姓名：约翰尼

标准：连续 3 天的冷试探都是 "是"

在已熟练掌握的各项技能的日期栏上标记 "M"。列出还未熟练掌握的技能，并记录开始教学的日期和技能习得的日期。

技能：接受性指令

	目标	开始日期	习得日期
1	拍手	M	M
2	举手	2006-6-5	2006-6-10
3	摇头	2006-6-5	2006-6-24
4	点头	2006-6-5	2006-6-24
5	起立	2006-6-24	
6	坐下	2006-6-24	
7	敲桌子	2006-6-30	
8			
9			
10			
11			

[①] 编注：关注微信公众号 "华夏特教"，即可在线浏览或下载本表。

儿童姓名：_____

标准：连续 3 天的冷试探都是"是"

在已熟练掌握的各项技能的日期栏上标记"M"。列出还未熟练掌握的技能，并记录开始教学的日期和技能习得的日期。

技能：_____

	目标	开始日期	习得日期
1			
2			
3			
4			
5			
6			
7			
8			
9			
10			
11			
12			
13			
14			
15			
16			
17			
18			
19			
20			
21			
22			

附录 5　周试探记录表

样例

从每张技能追踪记录纸中，选择 2~3 个目标。当开始教此项技能时，在技能追踪记录表上标记开始的时间和技能习得的时间。

儿童姓名：_____　开始的星期：_____

	语言操作	目标技能	星期一		星期二		星期三		星期四		星期五	
1	接受性	拍手	是	否	是	否	是	否	是	否	是	否
2	接受性	跺脚	是	否	是	否	是	否	是	否	是	否
3	接受性	起立	是	否	是	否	是	否	是	否	是	否
4	接受性	摸头	是	否	是	否	是	否	是	否	是	否
5	接受性	肚子在哪里？	是	否	是	否	是	否	是	否	是	否
6	接受性	摸鞋	是	否	是	否	是	否	是	否	是	否
7	接受性	去找杯子	是	否	是	否	是	否	是	否	是	否
8	接受性	车在哪里？	是	否	是	否	是	否	是	否	是	否
9	模仿	做这个（用双手摸头）	是	否	是	否	是	否	是	否	是	否
10	模仿	做这个（拍手）	是	否	是	否	是	否	是	否	是	否
11	配对	配对糖果（图片配图片）	是	否	是	否	是	否	是	否	是	否
12	配对	配对鱼（图片配图片）	是	否	是	否	是	否	是	否	是	否
13	命名	这是什么？（饼干）	是	否	是	否	是	否	是	否	是	否

---

① 编注：关注微信公众号"华夏特教"，即可在线浏览或下载本表。

续表

	语言操作	目标技能	星期一		星期二		星期三		星期四		星期五	
14	命名	这是什么？（荡秋千）	是	否	是	否	是	否	是	否	是	否
15	仿说	说"泡泡"	是	否	是	否	是	否	是	否	是	否
16	仿说	说"果汁"	是	否	是	否	是	否	是	否	是	否
17	交互式语言	蝴蝶，蝴蝶，生得真美____（丽）	是	否	是	否	是	否	是	否	是	否
18	交互式语言	三轮车跑得____（快）	是	否	是	否	是	否	是	否	是	否
19			是	否	是	否	是	否	是	否	是	否
20			是	否	是	否	是	否	是	否	是	否
21			是	否	是	否	是	否	是	否	是	否
22			是	否	是	否	是	否	是	否	是	否
23			是	否	是	否	是	否	是	否	是	否
24			是	否	是	否	是	否	是	否	是	否
25			是	否	是	否	是	否	是	否	是	否
26			是	否	是	否	是	否	是	否	是	否

周试探记录表

从每张技能追踪记录纸中,选择 2~3 个目标。当开始教此项技能时,在技能追踪记录表上标记开始的时间和技能习得的时间。

儿童姓名:_____ 开始的星期:_____

	语言操作	目标技能	星期一		星期二		星期三		星期四		星期五	
1			是	否	是	否	是	否	是	否	是	否
2			是	否	是	否	是	否	是	否	是	否
3			是	否	是	否	是	否	是	否	是	否
4			是	否	是	否	是	否	是	否	是	否
5			是	否	是	否	是	否	是	否	是	否
6			是	否	是	否	是	否	是	否	是	否
7			是	否	是	否	是	否	是	否	是	否
8			是	否	是	否	是	否	是	否	是	否
9			是	否	是	否	是	否	是	否	是	否
10			是	否	是	否	是	否	是	否	是	否
11			是	否	是	否	是	否	是	否	是	否
12			是	否	是	否	是	否	是	否	是	否
13			是	否	是	否	是	否	是	否	是	否
14			是	否	是	否	是	否	是	否	是	否
15			是	否	是	否	是	否	是	否	是	否
16			是	否	是	否	是	否	是	否	是	否
17			是	否	是	否	是	否	是	否	是	否
18			是	否	是	否	是	否	是	否	是	否
19			是	否	是	否	是	否	是	否	是	否
20			是	否	是	否	是	否	是	否	是	否
21			是	否	是	否	是	否	是	否	是	否
22			是	否	是	否	是	否	是	否	是	否

附录6　推荐书目[1]

1. 郭延庆著．应用行为分析与儿童行为管理．北京：华夏出版社，2012

2. ［英］洛娜·温著．孙敦科译．孤独症谱系障碍：家长及专业人员指南．北京：华夏出版社，2013

3. ［美］埃伦·诺特波姆著．秋爸爸，燕原译．孤独症孩子希望你知道的十件事（最新增订版）．北京：华夏出版社，2014

4. ［美］米尔腾伯格尔著．石林等译．行为矫正：原理与方法（第五版）．北京：中国轻工业出版社，2015

5. ［美］凯思琳·安·奎尔著．何正平译．做·看·听·说：孤独症儿童社会性和沟通能力干预指南．北京：华夏出版社，2015

6. ［美］玛丽亚·惠勒著．宋玲译．孤独症和相关障碍人士如厕训练指南（第2版）．北京：华夏出版社，2015

7. ［美］罗伯特·凯格尔，琳·柯恩·凯格尔著．胡晓毅，王勉译．孤独症谱系障碍儿童关键反应训练掌中宝．北京：华夏出版社，2015

8. ［美］奥温·C.斯塔曼，杰茜卡·苏海因里希，莎拉·里德，劳拉·施赖布曼，辛西娅·博尔达克著．胡晓毅译．孤独症儿童关键反应教学法．北京：华夏出版社，2015

9. ［美］阿尔伯特·J.卡尼著．马凌冬译．应用行为分析入门手册（第2版）．北京：华夏出版社，2017

10. ［美］特里·卡茨，贝丝·马洛著．王广海，鲁明辉译．孤独症谱系障碍儿童睡

---

[1] 编注：原书提供的参考书目都是英文的，此处给出的是国内近年已出版的与行为分析和孤独症有关的部分图书，供读者参考。

眠问题实用指南.北京：华夏出版社，2017

11.［美］帕梅拉·J.沃尔夫伯格著.马安迪，索燕京译.孤独症儿童游戏与想象力（第二版）.北京：华夏出版社，2017

12.刘昊著.孤独症儿童的行为教学.北京：华夏出版社，2018

13.［美］罗伯特·E.奥尼尔，理查德·W.阿尔宾，基思·斯托里，罗伯特·H.霍纳，杰弗里·R.斯普拉格著.陈更娟译.功能性行为评估及干预实用手册（第3版）.北京：华夏出版社，2018

14.［美］乔恩·S.贝利，玛丽·R.伯奇著.美国展望教育中心译.行为分析师执业伦理与规范（第3版）.北京：华夏出版社，2018

15.［美］琳达·A.霍奇登著.陈质采，李碧姿译.促进沟通技能的视觉策略.北京：华夏出版社，2019

16.［美］琳达·A.霍奇登著.陈质采，龚万菁译.解决问题行为的视觉策略.北京：华夏出版社，2019

17.［美］理查德·W.马洛特，约瑟夫·T.沙恩著.秋爸爸，陈墨译.行为原理（第7版）.北京：华夏出版社，2019

18.［美］罗恩·利夫，约翰·麦克伊钦著.蔡飞译.孤独症儿童行为管理策略及行为治疗课程，北京：华夏出版社，2020

图书在版编目（CIP）数据

语言行为方法：如何教育孤独症和相关障碍儿童 /（美）玛丽·林奇·巴伯拉（Mary Lynch Barbera），（美）特蕾西·拉斯穆森（Tracy Rasmussen）著；美国展望教育中心译. --北京：华夏出版社有限公司，2021.3（2025.1 重印）

书名原文：The Verbal Behavior Approach: How to Teach Children with Autism and Related Disorders

ISBN 978-7-5080-9964-4

Ⅰ.①语… Ⅱ.①玛… ②特… ③美… Ⅲ.①孤独症—儿童教育—特殊教育 Ⅳ.①G766

中国版本图书馆 CIP 数据核字（2020）第 110212 号

Copyright © Mary Lynch Barbera, 2007
Copyright © Tracy Rasmussen, 2007
Foreword Copyright © Mark L. Sundberg, 2007
This translation of The Verbal Behavior Approach is published by arrangement with Jessica Kingsley Publishers Ltd.

© 华夏出版社有限公司　未经许可，不得以任何方式使用本书全部及任何部分内容，违者必究。

北京市版权局著作权合同登记号：图字 01-2012-6813 号

语言行为方法：如何教育孤独症和相关障碍儿童

作　　者	［美］玛丽·林奇·巴伯拉　　［美］特蕾西·拉斯穆森
译　　者	美国展望教育中心
责任编辑	刘　娲　贾晨娜
责任印制	顾瑞清

出版发行	华夏出版社有限公司
经　　销	新华书店
印　　装	三河市少明印务有限公司
版　　次	2021 年 3 月北京第 1 版　2025 年 1 月北京第 6 次印刷
开　　本	787×1092　1/16 开
印　　张	11.5
字　　数	175 千字
定　　价	49.00 元

华夏出版社有限公司　地址：北京市东直门外香河园北里 4 号　邮编：100028
网址：www.hxph.com.cn　电话：（010）64663331（转）
若发现本版图书有印装质量问题，请与我社营销中心联系调换。